チャート式®
シリーズ

中学

理科

1年

準拠ドリル

数研出版
https://www.chart.co.jp

本書の特長と構成

本書は「チャート式シリーズ 中学理科1年」の準拠問題集です。
本書のみでも学習可能ですが，参考書とあわせて使用することで，さらに力がのばせます。

特長

1. チェック→トライ→チャレンジの3ステップで，段階的に学習できます。
2. 巻末のテストで，学年の総まとめと入試対策の基礎固めができます。
3. 参考書の対応ページを掲載。分からないときやもっと詳しく知りたいときにすぐに参照できます。

構成

1項目あたり見開き2ページです。

チェック
基本問題です。ここで単元の要点を確認しましょう。

チャート式シリーズ参考書の項目番号です。

ポイント
色のついた部分は特に大事なので，おさえておきましょう。

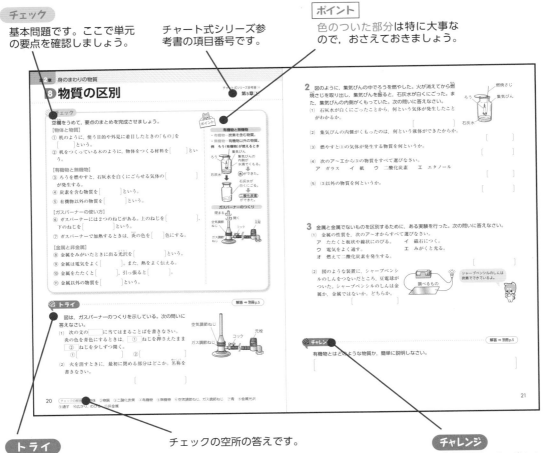

トライ
練習問題です。いろいろな形式の問題に慣れましょう。

チェックの空所の答えです。

チャレンジ
実戦問題です。少しレベルの高い問題に挑戦しましょう。

確認問題 数項目ごとに学習内容が定着しているか確認する問題です。

入試対策テスト 学年の総まとめと入試対策の基礎固めを行うテストです。

もくじ

第1章 いろいろな生物とその共通点

1 生物の観察と分類のしかた ……………… 4

2 果実をつくる花のつくり ……………… 6

3 マツの花と種子植物 ……………… 8

4 被子植物の分類 ……………… 10

5 種子をつくらない植物の分類 ……… 12

6 セキツイ動物の分類 ……………… 14

7 無セキツイ動物の分類 ……………… 16

確認問題① ……………………………… 18

第2章 身のまわりの物質

8 物質の区別 ……………… 20

9 物質の密度 ……………… 22

10 気体の性質の調べ方と集め方 …… 24

11 気体の発生と性質 ……………… 26

12 物質が水に溶けるようす ……… 28

13 溶解度と再結晶 ……………… 30

14 状態変化と体積・質量 ………… 32

15 状態変化と温度 ……………… 34

確認問題② ……………………………… 36

第3章 身のまわりの現象

16 光の進み方と反射 ……………… 38

17 光の屈折 ……………… 40

18 凸レンズを通る光の進み方 …… 42

19 凸レンズによってできる像 …… 44

20 音の伝わり方と速さ ……………… 46

21 音の大きさと高さ ……………… 48

22 物体にはたらく力 ……………… 50

23 力の表し方と2力のつりあい …… 52

確認問題③ ……………………………… 54

第4章 大地の変化

24 火山の活動 ……………… 56

25 鉱物と火成岩 ……………… 58

26 地震のゆれとその伝わり方 …… 60

27 地震が起こるしくみと地形の変化 … 62

28 地層のでき方 ……………… 64

29 地層からわかる過去のようす … 66

確認問題④ ……………………………… 68

入試対策テスト ……………………… 70

一緒に
がんばろう！

数研出版公式キャラクター
数犬 チャ太郎

3

1 生物の観察と分類のしかた

チェック

空欄をうめて，要点のまとめを完成させましょう。

ポイント

【生物の観察】

① 植物の種類によって，日当たりがよくて乾いているところ，日当たりがよくて湿っているところ，日当たりが悪くて [　　　] いるところに見られるものがある。

● **ルーペの使い方**

② ルーペは [　　] に近づけて持つ。

③ ルーペのピントの合わせ方

・花などを手に持って観察するときは，観察するものを動かす。

・観察するものが動かせないときは，[　　　] を動かす。

④ ルーペで [　　　] を見てはいけない。

⑤ 水中の小さな生物のうち，ミジンコなどは動き，ミカヅキモなどは [　　] 色をしている。

● **双眼実体顕微鏡の使い方**

⑥ 1．接眼レンズをのぞき，[　　　] を調節して左右の視野が重なって見えるようにする。

⑦ 2．粗動ねじ→ [　　　] ねじの順にピントを合わせる。

⑧ 3．[　　　　　　] でピントを合わせる。

⑨ 双眼実体顕微鏡では，観察物を [　　　] 的に観察できる。

● **顕微鏡の操作手順**

⑩ 1．[　　　] レンズ→ [　　　] レンズの順にとりつける。

⑪ 2．最も [　　] 倍率の対物レンズにする。

⑫ 3．[　　　] としぼりで視野を明るくする。

⑬ 4．プレパラートをステージにのせ，対物レンズとプレパラートを [　　　　　]。

⑭ 5．対物レンズとプレパラートを [　　　] ながらピントを合わせる。

⑮ 6．対物レンズをかえるときは [　　　　　] を回す。

【生物の特徴と分類のしかた】

⑯ 生物を分類するときは，まず生息場所，外見，なかまのふやし方などの [　　　] を決める。

⑰ 次に，生息場所なら水中か陸上か，なかまのふやし方なら卵か子か，などの [　　　] を設定する。

双眼実体顕微鏡

接眼レンズ / 鏡筒 / 視度調節リング / 粗動ねじ / 対物レンズ / 微動ねじ / ステージ / クリップ

スケッチのしかた

線に捨がいいがある。/ 拡大すと細かいモがある。/ 白い綿毛

・細い線と小さな点ではっきりとかく。
・線を重ねがきしない。
・影をつけない。

顕微鏡のつくり

ステージ上下式

接眼レンズ / レボルバー / 鏡筒 / 対物レンズ / アーム / ステージ / クリップ / しぼり / 調節ねじ / 反射鏡

水中の小さな生物

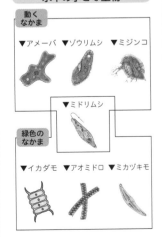

動くなかま
▼アメーバ ▼ゾウリムシ ▼ミジンコ

▼ミドリムシ

緑色のなかま
▼イカダモ ▼アオミドロ ▼ミカヅキモ

チェックの解答 ①湿って ②目 ③顔 ④太陽 ⑤緑 ⑥鏡筒 ⑦微動 ⑧視度調節リング ⑨立体 ⑩接眼，対物 ⑪低 ⑫反射鏡 ⑬近づける ⑭離し ⑮レボルバー ⑯観点 ⑰基準

解答 ➡ 別冊p.2

1 図は，ある公園で植物A〜Cがそれぞれ生活している場所を
調べ，地図にまとめたものである。次の問いに答えなさい。

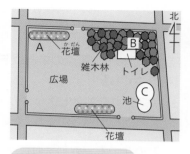

(1) Bの植物は，どのような場所で生活しているか，日当たり
と湿りけについて書きなさい。

日当たり[　　　　　] 湿りけ[　　　　　]

(2) 植物A〜Cとして考えられるものを次のア〜ウからそれぞ
れ選びなさい。

A[　　] B[　　] C[　　]

ア ゼニゴケ　　イ タンポポ　　ウ ホテイアオイ

建物の北側は日当たりが悪
いよ。池には水があるね。

(3) 動物についても調べた。アメンボがいる場所をA〜Cから
選びなさい。

[　　]

2 図1の顕微鏡で水中の小さな生物を観察した。次の問いに答
えなさい。

図1

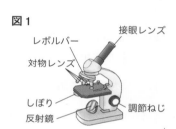

(1) 対物レンズの倍率をかえるときに動かす部分を図1から1
つ選びなさい。

[　　　　　]

(2) 高倍率にすると，対物レンズとプレパラートの距離はどう
なるか。

[　　　　　]

(3) 図2のア，イは，倍率を変えて同じプレパラートを観察し
たときの顕微鏡の視野のようすを表したものである。

図2

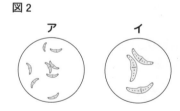

ア　　　　イ

① 図2の生物の名称を答えなさい。

[　　　　　]

② 高倍率で観察したのは，ア，イのどちらか。

[　　　]

③ 図2の生物の分類を，図3のA〜Cから選びなさい。

[　　]

図3

緑色　　　動く

A　B　C

解答 ➡ 別冊p.2

チャレンジ

顕微鏡の使い方で，接眼レンズ→対物レンズの順にレンズをとりつける理由を簡単に説明しな
さい。

[

]

2 果実をつくる花のつくり

チェック

空欄をうめて，要点のまとめを完成させましょう。

【花のつくり】

① アブラナやエンドウなどの花には，中心から順に，めしべ，おしべ，〔　　　〕，がく（がく片）がある。

② どの花でも，めしべの数は〔　　〕本である。

③ めしべの先端を〔　　　〕という。この部分は，花粉がつきやすくなっている。

④ めしべの根もとのふくらんだ部分を〔　　　〕という。

⑤ 子房（しぼう）の中にある粒（つぶ）を〔　　　〕という。

⑥ めしべを囲むようにして，何本かの〔　　　　　〕がある。その形や数は，花の種類によって異なる。

⑦ おしべの先端にある袋（ふくろ）を〔　　　〕という。

⑧ おしべの先端にある袋の中には〔　　　〕が入っている。

⑨ 花弁が1枚1枚離れている花を〔　　　　〕という。

⑩ 花弁がつながっている花を〔　　　　〕という。

【花の変化】

⑪ めしべの柱頭に花粉がつくことを〔　　　　〕という。

⑫ 受粉すると，胚珠は成長して〔　　　〕になる。

⑬ 受粉すると，子房は成長して〔　　　〕になる。

⑭ 胚珠が子房の中にある植物を〔　　　　　〕という。

ポイント

花のつくり

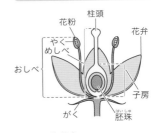

離弁花（りべんか）と合弁花

・花弁のつき方によって，離弁花と合弁花に分けられる。

・離弁花：花弁が1枚1枚離れている。

例　アブラナ

・合弁花：花弁がつながっている。

例　ツツジ

花から果実・種子への変化

受粉すると，胚珠は種子になり，子房は果実になる。

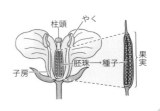

解答 ➡ 別冊p.2

🧶 トライ

1 図は，ツツジの花の各部分を外し，セロハンテープで台紙にはったものである。次の問いに答えなさい。

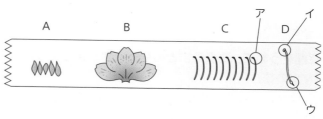

(1) 花のいちばん内側にあるつくりを図のA〜Dから選びなさい。

[   ]

(2) 花粉が入っている袋を図のア〜ウから選びなさい。

[   ]

(3) 中に胚珠が入っている部分を図のア〜ウから選びなさい。

[   ]

(4) ツツジのように，Bのつくりがつながっている花を何というか。

[   ]

 Aはがく，Bは花弁，Cはおしべ，Dはめしべだね。

2 図は，ある花のつくりを模式的に示したものである。次の問いに答えなさい。

(1) おしべの花粉がめしべの柱頭につくことを何というか。

[   ]

(2) (1)のあと，胚珠と子房は成長してそれぞれ何になるか。

胚珠[   ]　子房[   ]

(3) 図のように，胚珠が子房の中にある植物を何というか。

[   ]

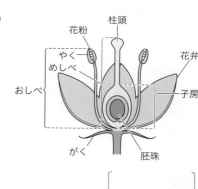

🧶 チャレンジ

解答 ➡ 別冊p.2

離弁花と合弁花の特徴を，「花弁」ということばを使って簡単に説明しなさい。

・離弁花 [   ]

・合弁花 [   ]

3 マツの花と種子植物

チェック

空欄をうめて，要点のまとめを完成させましょう。

【マツの花】

① マツには雄花と雌花の2種類の花がある。枝の先のほうにさくのは [　　　] である。

② 雌花のりん片の内側には [　　　] がある。

③ 雄花のりん片の外側には [　　　] がある。

④ マツの花粉は [　　] によって運ばれる。

【マツの受粉と種子のでき方】

⑤ 花粉は雌花の [　　　] に直接ついて受粉する。

⑥ 受粉すると，胚珠は成長して [　　　] になる。

⑦ 受粉して1年以上たつと，雌花は [　　　　] になる。

⑧ マツには子房がないので，[　　　] はできない。

【被子植物と裸子植物】

⑨ アブラナのように，胚珠が子房の中にある植物のなかまを [　　　　] という。

⑩ マツのように，子房がなく，胚珠がむき出しになっている植物のなかまを [　　　　] という。

⑪ 花をさかせ，種子をつくってふえる植物のなかまを [　　　　] という。

ポイント

マツの花

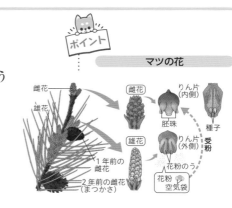

被子植物と裸子植物

・被子植物の例
サクラ

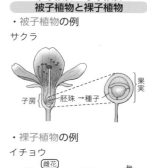

・裸子植物の例
イチョウ

トライ

解答 ➡ 別冊p.2

1 図1はマツの枝，図2はマツの2種類の花，図3は図2のいずれかの花についているりん片を示したものである。次の問いに答えなさい。

(1) マツの雄花を，図1と図2から1つずつ選びなさい。

図1 [　　] 図2 [　　]

(2) 受粉後，種子になる部分は，図3のP，Qのどちらか。

[　　　]

(3) (2)の部分を何というか。

[　　　]

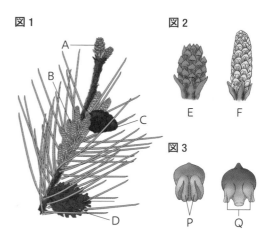

図1
図2
図3

2 図1はイチョウの雌花と雄花，図2はア
ブラナの花を示したものである。次の問い
に答えなさい。

図1 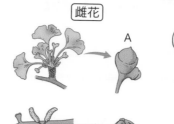　　　図2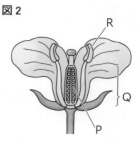

(1) 図1のA，Bと同じはたらきをする部
分を，図2のP〜Rからそれぞれ選びな
さい。

A〔　　　〕　B〔　　　〕

(2) イチョウには果実ができない。それは，
花に何という部分がないためか。

〔　　　　　〕

(3) イチョウのように，(2)の部分がない花をさかせる植物のなかまを何というか。

〔　　　　　　　〕

 アブラナでは，受粉後，
めしべの根もとのふくら
んだ部分が果実になるよ。

3 図は，種子植物のなかま分けを示したものである。
次の問いに答えなさい。

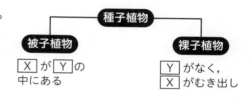

(1) 種子植物は，共通して何をつくってなかまをふ
やすか。

〔　　　　　〕

(2) 図のX，Yに当てはまることばを答えなさい。

X〔　　　〕　Y〔　　　〕

(3) 被子植物を次のア〜エからすべて選びなさい。
　ア　スギ　　イ　エンドウ　　ウ　ソテツ　　エ　サクラ

〔　　　　　〕

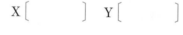 チャレンジ ……………………………………………………………… 解答 ➡ 別冊p.2

被子植物と裸子植物の特徴を，「胚珠」，「子房」ということばを使って簡単に説明しなさい。

・被子植物〔　　　　　　　　　　　　　　　　　　　　　　　　　　　　　〕

・裸子植物〔　　　　　　　　　　　　　　　　　　　　　　　　　　　　　〕

④ 被子植物の分類

チェック

空欄をうめて，要点のまとめを完成させましょう。

【被子植物の葉のようす】

① 葉に見られるすじのようなつくりを〔　　　　〕という。

② アブラナなどのように，網の目のように広がっている葉脈を〔　　　　〕という。

③ ツユクサなどのように，平行に並んでいる葉脈を〔　　　　〕という。

【被子植物の根のようす】

④ タンポポなどの根で，中心の太い根を〔　　　　〕という。

⑤ タンポポなどの根で，中心の太い根から枝分かれしている細い根を〔　　　　〕という。

⑥ ススキなどの根で，太い根がなく，多数の細い根が広がっているものを〔　　　　〕という。

⑦ 根の先端近くに多数生えている細い毛のようなものを〔　　　　〕という。

【被子植物の分類】

⑧ 種子が発芽するときに最初に地上に出る葉を〔　　　　〕という。

⑨ 被子植物のうち，アサガオなどのように，子葉が2枚のなかまを〔　　　　〕という。

⑩ 被子植物のうち，トウモロコシなどのように，子葉が1枚のなかまを〔　　　　〕という。

⑪ 双子葉類の葉脈は〔　　　　〕，根は〔　　　　〕と側根である。

⑫ 単子葉類の葉脈は〔　　　　〕，根は〔　　　　〕である。

⑬ 双子葉類のうち，ツツジなどのように，花弁がつながっている植物のなかまを〔　　　　〕という。

⑭ 双子葉類のうち，アブラナなどのように，花弁が1枚1枚離れている植物のなかまを〔　　　　〕という。

ポイント

網状脈と平行脈

網状脈	平行脈
例 サクラ	例 ツユクサ

根のようす

主根と側根	ひげ根
例 タンポポ	例 ススキ

双子葉類と単子葉類の特徴

	双子葉類	単子葉類
子葉	2枚	1枚
葉脈	網状脈	平行脈
根	主根・側根	ひげ根

合弁花類と離弁花類

合弁花類	離弁花類
例 ツツジ	例 アブラナ

チェックの解答 ①葉脈 ②網状脈 ③平行脈 ④主根 ⑤側根 ⑥ひげ根 ⑦根毛 ⑧子葉 ⑨双子葉類 ⑩単子葉類
⑪網状脈，主根 ⑫平行脈，ひげ根 ⑬合弁花類 ⑭離弁花類

1 図1は2種類の植物の葉のようす，図2は2種類の植物
の根のようすを示したものである。次の問いに答えなさい。

(1) 図1のA，Bのように，葉に見られるすじのようなつ
くりを何というか。 〔   〕

(2) 図1のA，Bの(1)をそれぞれ何というか。
A〔   〕   B〔   〕

(3) 図2のCのような根を何というか。
〔   〕

(4) 図2のDで，a，bの根をそれぞれ何というか。
a〔   〕   b〔   〕

(5) 図1のBの植物の根は，図2のC，Dのどちらか。
〔   〕

図1
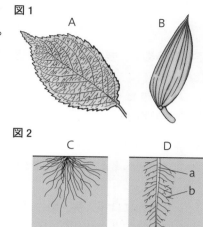

図2
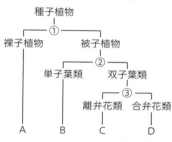

2 図は，種子植物の分類を示したものである。次の問いに
答えなさい。

(1) ①～③の基準に当てはまるものを，次のア～エからそ
れぞれ選びなさい。
ア　花弁のつき方　　イ　子房があるかないか
ウ　子葉の数　　　　エ　花弁の枚数
①〔   〕   ②〔   〕   ③〔   〕

「単」には「1」，「双」に
は「2」という意味があ
るよ。

```
            種子植物
              │①
       ┌──────┴──────┐
     裸子植物        被子植物
                       │②
                 ┌─────┴─────┐
               単子葉類      双子葉類
                              │③
                         ┌────┴────┐
                       離弁花類   合弁花類
       │          │          │          │
       A          B          C          D
```

(2) 単子葉類の葉脈と根のようすを，次のア～エからそれ
ぞれ選びなさい。

葉脈　　　　　　　　　　　　　　　根
ア　　　イ　　　　　ウ　　　エ
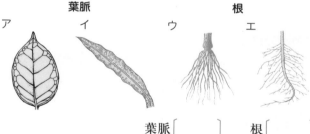

葉脈〔   〕   根〔   〕

(3) 図のA～Dに当てはまる植物を，次のア～エからそれぞれ選びなさい。
ア　アサガオ　　イ　ツユクサ　　ウ　イチョウ　　エ　エンドウ
A〔   〕   B〔   〕   C〔   〕   D〔   〕

双子葉類と単子葉類の特徴を，「葉脈」，「根」ということばを使って簡単に説明しなさい。

・双子葉類　〔   〕

・単子葉類　〔   〕

⑤ 種子をつくらない植物の分類

チャート式シリーズ参考書 >>
第3章 ②

✦ チェック

空欄をうめて，要点のまとめを完成させましょう。

ポイント

【シダ植物】

① イヌワラビやゼンマイなどの植物を［　　　　　］という。

② シダ植物は［　　　　］でふえる。

③ 胞子が入っている袋を［　　　　　］という。

④ シダ植物の多くは，日かげや湿りけの［　　　　　］ところに生えている。

⑤ シダ植物には根，茎，葉の区別が［　　　　］。

⑥ シダ植物の茎は［　　　　］にあるものが多い。

【コケ植物】

⑦ ゼニゴケやスギゴケなどの植物を［　　　　　］という。

⑧ コケ植物の多くは，日かげや湿りけの［　　　　　］ところに生えている。

⑨ コケ植物には根，茎，葉の区別が［　　　　］。

⑩ 根のように見えるつくりを［　　　　］という。

⑪ コケ植物は［　　　　］でふえる。

⑫ ゼニゴケなどには雄株と雌株があり，胞子のうがあるのは［　　　　］である。

【植物の分類】

⑬ 種子でふえる植物と［　　　　　］でふえる植物がある。

⑭ 種子植物のうち，胚珠がむき出しになっている植物を［　　　　　］という。

⑮ 種子植物のうち，胚珠が子房の中にある植物を［　　　　　］という。

⑯ 被子植物のうち，子葉が1枚の植物を［　　　　　］という。

⑰ 被子植物のうち，子葉が2枚の植物を［　　　　　］という。

⑱ 双子葉類は，花弁のつき方によって合弁花類と［　　　　　］に分けられる。

シダ植物のからだのつくり
例 イヌワラビ

葉
葉の柄
茎
根

コケ植物のからだのつくり
例 ゼニゴケ

雄株
雌株
胞子のう
仮根
仮根

植物の分類

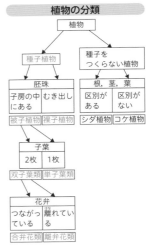

植物			

種子植物 ／ 種子をつくらない植物

胚珠：子房の中にある／むき出し → 被子植物／裸子植物

根，茎，葉：区別がある／区別がない → シダ植物／コケ植物

子葉：2枚／1枚 → 双子葉類／単子葉類

花弁：つながっている／離れている → 合弁花類／離弁花類

解答 ➡ 別冊p.3

🖐 トライ

1 図1はイヌワラビ，図2はスギゴケのからだ のようすをそれぞれ示したものである。次の問 いに答えなさい。

図1　　　　　　図2

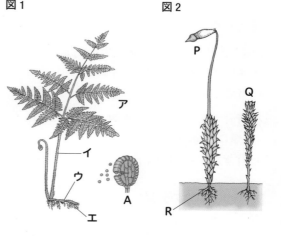

(1) イヌワラビの葉を，図1のア～エからすべ て選びなさい。

［　　　　　］

(2) 図1のAのつくりを何というか。

［　　　　　］

(3) 図1のAのつくりが多数見られる部分を， ア～エから選びなさい。

［　　　　　］

(4) スギゴケの雌株は図2のP，Qのどちらか。

［　　　　　］

(5) 図2のRの部分を何というか。

［　　　　　］

イヌワラビの茎はどこに あったかな。

2 図は，植物の分類を示したものである。次の 問いに答えなさい。

(1) X～Zに当てはまることばを書きなさい。 ただし，Xは受粉後，種子になる部分である。

X［　　　　　］　Y［　　　　　］

Z［　　　　　］

(2) 種子をつくらない植物は何をつくってなか まをふやすか。

［　　　　　］

(3) シダ植物と裸子植物に当てはまるものを， 次のア～オからそれぞれ選びなさい。

ア　アサガオ　　イ　エンドウ　　ウ　スギ
エ　ユリ　　　　オ　スギナ

シダ植物［　　　］　裸子植物［　　　］

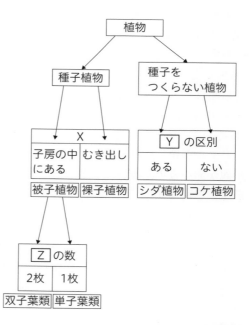

🗨 チャレンジ

解答 ➡ 別冊p.3

シダ植物とコケ植物の特徴を，なかまのふやし方と，「根，茎，葉」ということばを使って簡単 に説明しなさい。

・シダ植物 ［　　　　　　　　　　　　　　　　　　　　　　　　　　　　　　　　　　］

・コケ植物 ［　　　　　　　　　　　　　　　　　　　　　　　　　　　　　　　　　　］

6 セキツイ動物の分類

チャート式シリーズ参考書 >>
第4章 1

✏️ チェック

空欄をうめて，要点のまとめを完成させましょう。

【セキツイ動物と無セキツイ動物】

① 背骨がある動物を［　　　　　　　　］という。

② 背骨がある動物は，魚類，［　　　　　　　　］，ハチュウ類，鳥類，ホニュウ類に分けられる。

③ 背骨がない動物を［　　　　　　　　］という。

【セキツイ動物の分類】

④ 一生水中で生活するのは［　　　　　］である。

⑤ 子のときは水中，親になると陸上や水辺で生活するのは［　　　　　］である。

⑥ おもに陸上で生活するのは，ハチュウ類，鳥類，［　　　　　　　　］である。

⑦ 魚類とハチュウ類のからだは［　　　　　］でおおわれている。両生類の皮膚は湿っている。

⑧ 鳥類のからだは［　　　　］，ホニュウ類のからだは［　　　　］でおおわれている。

⑨ 魚類は［　　　　］で呼吸する。

⑩ 両生類は，子のときは［　　　　］と皮膚，親になると［　　　　］と皮膚で呼吸する。

⑪ ハチュウ類，鳥類，ホニュウ類は［　　　　］で呼吸する。

⑫ 親が卵をうみ，卵から子がかえる子のうまれ方を［　　　　　　］という。

⑬ 魚類と両生類は［　　　　　］に産卵する。

⑭ ハチュウ類と鳥類は［　　　　　］に産卵する。

⑮ 陸上にうみ出される卵には［　　　　　　］がある。

⑯ 子が母親の子宮内で，ある程度育ってからうまれる子のうまれ方を［　　　　］という。

【肉食動物と草食動物】

⑰ ホニュウ類のうち，おもに他の動物を食べる動物を［　　　　　　　］，おもに植物を食べる動物を［　　　　　　］という。

ポイント

セキツイ動物の骨格

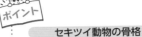

（魚類）コイ　　（両生類）カエル

（ハチュウ類）トカゲ

（鳥類）ハト　　（ホニュウ類）ネコ

セキツイ動物の分類

	魚類	両生類	ハチュウ類	鳥類	ホニュウ類
生活場所	水中	水中→陸上	陸上		
体表	うろこ	湿った皮膚	うろこ	羽毛	毛
呼吸	えら	えら→肺と皮膚	肺		
うまれ方	卵生				胎生

肉食動物と草食動物

肉食動物（ライオン）　草食動物（シマウマ）

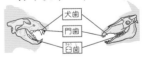

犬歯／門歯／臼歯

前向き／横向き／視野／立体的に見える範囲

狭い／広い

1 表は，背骨がある動物の分類を示したもので
ある。次の問いに答えなさい。

(1) 背骨がある動物をまとめて何というか。

　　　　　　　　[　　　　　　　]

(2) 両生類とハチュウ類に当てはまるものを，
次のア〜オからそれぞれ選びなさい。
　ア　コイ　　イ　ハト　　ウ　カエル
　エ　ネコ　　オ　トカゲ
　　　　両生類[　　　]　ハチュウ類[　　　]

(3) Aに当てはまることばを，子と親のそれぞ
れについて答えなさい。
　　子[　　　　　]　親[　　　　　]

(4) 子が母親の子宮内である程度育ってからう
まれるうまれ方を，B，Cから選びなさい。
　　　　　　　　[　　　]

(5) (4)のような子のうまれ方を何というか。

　　　　　　　　　　　　　　[　　　　　　]

(6) 陸上にうみ出される卵には，何というつくりがあるか。

　　　　　　　　　　　　[　　　　　　]

(7) ホニュウ類の子は，うまれてからしばらくの間，何を飲んで育つか。　[　　　　　]

	魚類	両生類	ハチュウ類	鳥類	ホニュウ類
生活場所	水中	水中→陸上	陸上		
体表	うろこ	湿った皮膚	うろこ	羽毛	毛
呼吸	えら	A	肺		
うまれ方		B			C

ハトやスズメは鳥類，ウサギやネコはホニュウ類だね。

2 図は，A，Bの2種類の動物の視野のようすを示したもの
である。次の問いに答えなさい。

(1) 立体的に見える範囲が広いのは，A，Bのどちらか。

　　　　　　　　[　　　]

(2) 視野が広く，敵を早く見つけて逃げるのに適しているの
は，A，Bのどちらか。

　　　　　　　　[　　　]

A

B

卵生と胎生の特徴を，「子」ということばを使って簡単に説明しなさい。

・卵生　[　　　　　　　　　　　　　　　　　　　　　　　　　]

・胎生　[　　　　　　　　　　　　　　　　　　　　　　　　　]

7 無セキツイ動物の分類

チャート式シリーズ参考書 >>
第4章 2

チェック

空欄をうめて，要点のまとめを完成させましょう。

【無セキツイ動物の特徴】

① 背骨のない動物を[　　　　　　]という。

② 無セキツイ動物の子のうまれ方は[　　　]である。

【節足動物】

③ バッタなどのからだをおおうかたい殻を[　　　　]という。

④ 外骨格をもち，からだやあしに節のある動物を[　　　　]という。

⑤ 節足動物のうち，バッタなどのなかまを[　　　　]という。

⑥ 昆虫類のからだは，頭部，胸部，[　　　]に分かれている。

⑦ 昆虫類のあしは[　　　]に[　　]対ある。

⑧ 昆虫類は[　　　]から空気を取り入れて呼吸する。

⑨ 節足動物のうち，エビやカニなどのなかまを[　　　　]という。

⑩ エビやカニなどのなかまは[　　　]で呼吸する。

【軟体動物】

⑪ イカやアサリなどの内臓をおおう膜を[　　　　]という。

⑫ 外とう膜をもつ動物をまとめて[　　　　]という。

⑬ 軟体動物には，えらで呼吸するものと[　　　]で呼吸するものがいる。

無セキツイ動物の分類

無セキツイ動物				
節足動物			軟体動物	その他
昆虫類	甲殻類	その他		

節足動物

・昆虫類　例　バッタ

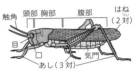

・甲殻類　例　イセエビ

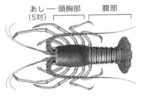

軟体動物

例　イカ

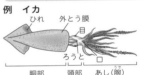

トライ

解答 ➡ 別冊p.4

1 図は，アサリのからだのつくりを示したものである。次の問いに答えなさい。

(1) Xは内臓をおおっている膜である。この膜を何というか。

[　　　　　　]

(2) Yはアサリが呼吸をする部分である。Yを何というか。

[　　　　　　]

(3) アサリのあしは何でできているか。

[　　　　　　]

(4) 無セキツイ動物のうち，アサリやイカなどのなかまを何というか。

[　　　　　　]

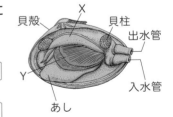

チェックの解答 ①無セキツイ動物 ②卵生 ③外骨格 ④節足動物 ⑤昆虫類 ⑥腹部 ⑦胸部，3 ⑧気門 ⑨甲殻類 ⑩えら ⑪外とう膜 ⑫軟体動物 ⑬肺

2 図は，バッタのからだのつくりを示したものである。
次の問いに答えなさい。

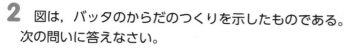

(1) Xはバッタが空気を取り入れるつくりである。Xを
何というか。

[　　　　　　　]

(2) バッタのからだをおおうかたい殻を何というか。

[　　　　　　　]

(3) からだが(2)の殻でおおわれ，からだやあしに節のある無セキツイ動物をまとめて何というか。

[　　　　　　　]

(4) (3)のうち，①バッタやチョウなどのなかま，②エビ
やカニなどのなかまをそれぞれ何というか。

① [　　　　　] ② [　　　　　]

バッタのからだをおおう
殻は，からだの外側にあ
るよ。

3 図は，アマガエル，カラス，コ
イ，シカ，トカゲ，バッタ，イ
カについて，いろいろな特徴を
もとに分類をしたものである。
次の問いに答えなさい。

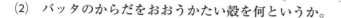

(1) 図の特徴1〜4に当てはま
る特徴を，次のア〜エからそ
れぞれ選びなさい。

ア　子は乳で育てる。　　イ　親と子で，呼吸の方法がちがう。
ウ　背骨がある。　　　　エ　うろこでおおわれている。

特徴1 [　　] 　　特徴2 [　　] 　　特徴3 [　　] 　　特徴4 [　　]

(2) 次の動物は，それぞれA〜Gのどれに分類されるか。
① マイマイ　　② サンショウウオ　　③ ウナギ

① [　] 　　② [　] 　　③ [　]

💬 **チャレンジ** ･･････････････････････････････ 解答 ➡ 別冊p.4

節足動物の特徴を，「節」ということばを使って簡単に説明しなさい。

[　　　　　　　　　　　　　　　　　　　　　　　　　　]

確認問題①

解答 → 別冊p.5

❶ 顕微鏡による生物の観察について，次の問いに答えなさい。

(1) 顕微鏡の使い方について説明した次の文章のうち，正しいものをア～エから選びなさい。 〔　　　　〕

　　ア　レンズは，対物レンズ→接眼レンズの順に取りつける。

　　イ　真横から見ながら対物レンズとプレパラートを近づけたあと，対物レンズとプレパラートを遠ざけながらピントを合わせる。

　　ウ　直射日光の当たるところで使う。

　　エ　はじめは高倍率の対物レンズで観察する。

図1

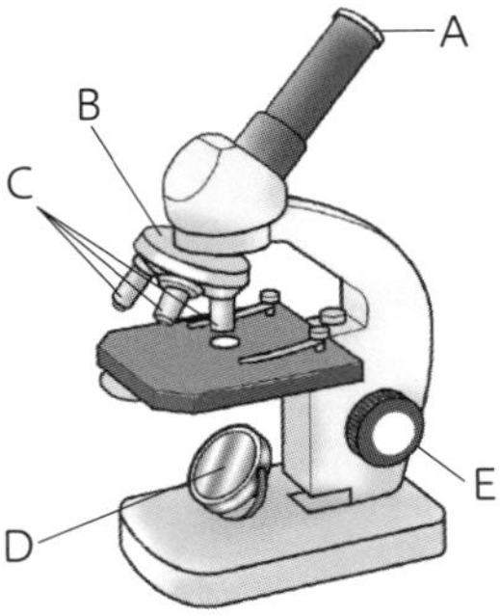

(2) 次のときに動かす部分を図1のA～Eから選び，それぞれ記号と名称を答えなさい。

　① 視野を明るくする。

　　　　　記号〔　　　〕　　名称〔　　　　　　　〕

　② 対物レンズの倍率を変える。

　　　　　記号〔　　　〕　　名称〔　　　　　　　〕

　③ ピントを合わせる。

　　　　　記号〔　　　〕　　名称〔　　　　　　　〕

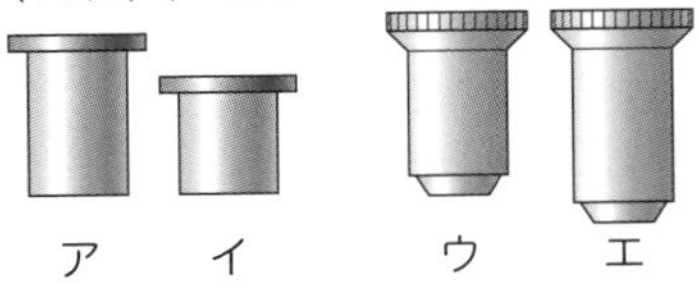

(3) 図2は，2種類の接眼レンズと2種類の対物レンズを示している。最も高倍率になる組み合わせを記号で答えなさい。また，そのときの倍率を求めなさい。

　　　　　記号〔　　　〕と〔　　　〕　倍率〔　　　　　〕

図2
接眼レンズ
（10倍）（15倍）
対物レンズ
（10倍）（40倍）
ア　イ　　ウ　エ

❷ 花のつくりについて，次の問いに答えなさい。

(1) 図1はアブラナの花のつくり，図2はマツの雄花と雌花のりん片を示している。アブラナの花のA～Cと同じはたらきをする部分を，図2のP，Qからそれぞれ選びなさい。ただし，当てはまる部分がない場合は「なし」と書きなさい。

　　　A〔　　　〕　　B〔　　　〕　　C〔　　　〕

図1

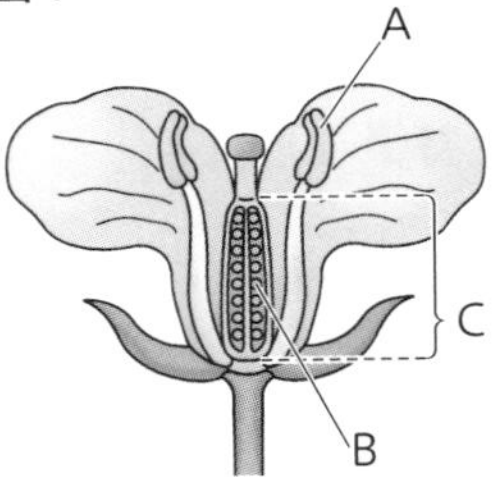

図2
雌花のりん片　　雄花のりん片
P　　　Q

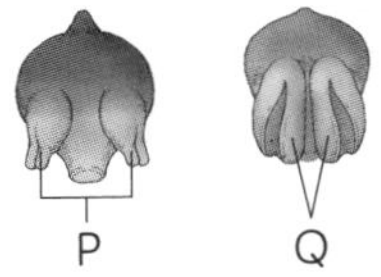

(2) アブラナとマツに共通することを，次のア～エから選びなさい。

　　ア　花弁やがくがある。　　イ　果実ができる。

　　ウ　種子ができる。　　　　エ　雄花と雌花がある。 〔　　　　〕

(3) 被子植物を次のア～エから選びなさい。

　　ア　イチョウ　　イ　ソテツ　　ウ　スギナ　　エ　エンドウ

〔　　　　〕

(4) 被子植物の特徴について述べた次の文章のX，Yに当てはまることばを書きなさい。

　　被子植物は，受粉後，種子になる部分である　X　が　Y　の中にある。

　　　　　　　　　X〔　　　　　　〕　　Y〔　　　　　　〕

3 植物の分類について，次の問いに答えなさい。

(1) 図1は植物の分類を示している。Xに当 **図1**
てはまることばを書きなさい。

[   ]

(2) 図2はサクラの花の断面と根の模式図を
示している。図2より，サクラは図1のA
〜Eのどれに分類されるか。

[   ]

```
                                        そう し ようるい
                              双子葉類 ------- A
                    被子植物
                              単子葉類 ------- B
          種子植物
   植物              ┌ X ┐ -------------- C
                    └   ┘
          種子をつくらない植物     シダ植物 ------- D
                              コケ植物 ------- E
```

(3) サクラの葉脈のようすを，そ **図2**　　　　　　　　　**図3**
の特徴がわかるように，図3に
かきなさい。

花の断面　　根（模式図）

(4) シダ植物やコケ植物は何をつ
くってなかまをふやすか。

[   ]

(5) 双子葉類は，ある特徴によってさらに2つのグループに分けることができる。何の特徴に
よって分けられるか。

[   ]

(6) シダ植物とコケ植物について述べた次の文章のYに当てはまることばを書きなさい。
　　種子をつくらない植物のうち，シダ植物には[Y]の区別があり，コケ植物には[Y]の
区別がない。

[   ]

4 5種類の動物(イカ，イワシ，ウミガメ，ペンギン，クジラ)について，下の図のように分類
した。次の問いに答えなさい。

(1) AとBは，背骨がある
かないかで区別している。
Aのようななかまを何と
いうか。

```
┌─ A ──┐     ┌──────────── B ────────────┐
│ ┌ C ┐ │     │        ┌──── D ────┐              ┌ F ┐ │
│ │イカ│ │     │ イワシ │ ウミガメ  ペンギン │  クジラ │
│ └───┘ │     │        │    E      │              └───┘ │
└───────┘     └──────────────────────────────────┘
```

[   ]

(2) 図のCとD，EとFは，それぞれどのような違いによってなかま分けをされたか。次のア
〜エからそれぞれ選びなさい。

ア　からだがうろこでおおわれているか，おおわれていないか。

イ　呼吸をえらでするか，肺でするか。

ウ　骨格が体内にあるか，体の外側をおおうか。

エ　卵生か，胎生か。

CとD[   ]　　EとF[   ]

(3) A，Fに分類される動物を，次のア〜オからそれぞれ選びなさい。

ア　カエル　　イ　フナ　　ウ　アサリ　　エ　ウサギ　　オ　トカゲ

A[   ]　　F[   ]

19

8 物質の区別

チャート式シリーズ参考書 >>
第5章 1

チェック

空欄をうめて，要点のまとめを完成させましょう。

【物体と物質】

① 机のように，使う目的や外見に着目したときの「もの」を〔　　　〕という。

② 机をつくっている木のように，物体をつくる材料を〔　　　〕という。

【有機物と無機物】

③ ろうを燃やすと，石灰水を白くにごらせる気体の〔　　　　　〕が発生する。

④ 炭素を含む物質を〔　　　〕という。

⑤ 有機物以外の物質を〔　　　〕という。

【ガスバーナーの使い方】

⑥ ガスバーナーには2つのねじがある。上のねじを〔　　　　　　〕，下のねじを〔　　　　　　〕という。

⑦ ガスバーナーで加熱するときは，炎の色を〔　　〕色にする。

【金属と非金属】

⑧ 金属をみがいたときに出る光沢を〔　　　　　〕という。

⑨ 金属は電気をよく〔　　　〕。また，熱をよく伝える。

⑩ 金属をたたくと〔　　　　〕，引っ張ると〔　　　　〕。

⑪ 金属以外の物質を〔　　　〕という。

ポイント

有機物と無機物

・有機物…炭素を含む物質。
・無機物…有機物以外の物質。

例 ろう（有機物）が燃えるとき

ろう　集気びん
集気びんの内側が水滴でくもる。
石灰水
水ができた。
↓
石灰水が白くにごる。
↓
二酸化炭素ができた。

ガスバーナーのつくり

閉まる　開く
空気調節ねじ
ガス調節ねじ
コック
元栓

トライ

解答 ⇒ 別冊 p.5

1 図は，ガスバーナーのつくりを示している。次の問いに答えなさい。

(1) 次の文の □ に当てはまることばを書きなさい。

炎の色を青色にするときは，□①□ ねじを押さえたまま □②□ ねじを少しずつ開く。

①〔　　　　　〕　②〔　　　　　〕

(2) 火を消すときに，最初に閉める部分はどこか。名称を書きなさい。

〔　　　　　　　　　〕

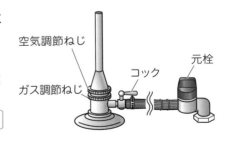

空気調節ねじ
ガス調節ねじ
コック
元栓

チェックの解答 ①物体 ②物質 ③二酸化炭素 ④有機物 ⑤無機物 ⑥空気調節ねじ，ガス調節ねじ ⑦青 ⑧金属光沢 ⑨通す ⑩広がり，のびる ⑪非金属

2 図のように，集気びんの中でろうを燃やした。火が消えてから燃焼さじを取り出し，集気びんを振ると，石灰水が白くにごった。また，集気びんの内側がくもっていた。次の問いに答えなさい。

(1) 石灰水が白くにごったことから，何という気体が発生したことがわかるか。

[　　　　　　　　　]

(2) 集気びんの内側がくもったのは，何という液体ができたからか。

[　　　　　　　　　]

(3) 燃やすと(1)の気体が発生する物質を何というか。

[　　　　　　　　　]

(4) 次のア～エから(3)の物質をすべて選びなさい。
　　ア　ガラス　　イ　紙　　ウ　二酸化炭素　　エ　エタノール

[　　　　　　　　　]

(5) (3)以外の物質を何というか。

[　　　　　　　　　]

3 金属と金属でないものを区別するために，ある実験を行った。次の問いに答えなさい。

(1) 金属の性質を，次のア～オからすべて選びなさい。
　　ア　たたくと板状や線状にのびる。　　イ　磁石につく。
　　ウ　電気をよく通す。　　　　　　　　エ　みがくと光る。
　　オ　燃えて二酸化炭素を発生する。

[　　　　　　　　　]

(2) 図のような装置に，シャープペンシルのしんをつないだところ，豆電球がついた。シャープペンシルのしんは金属か，金属ではないか。どちらか。

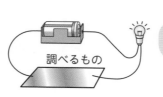

調べるもの

シャープペンシルのしんは炭素でできているよ。

[　　　　　　　　　]

💠 チャレンジ ・・ 解答 ➡ 別冊p.5

有機物とはどのような物質か，簡単に説明しなさい。

[　　　　　　　　　　　　　　　　　　　　　　　　　　　　]

9 物質の密度

チャート式シリーズ参考書 >>
第5章 2

チェック

空欄をうめて，要点のまとめを完成させましょう。

【密度】

① 電子てんびんや上皿てんびんではかることのできる，物質そのものの量を〔　　　　〕という。

② 質量の単位には〔　〕（グラム）やkg（キログラム）を用いる。

③ 1 kg =〔　　　　〕gである。

④ 一定の体積当たりの質量を，その物質の〔　　　　〕という。

⑤ 密度の単位には〔　　　　〕（グラム毎立方センチメートル）を用いる。

⑥ 密度は次の式で求められる。

$$物質の密度〔g/cm^3〕＝\frac{物質の〔\quad\quad〕〔g〕}{物質の〔\quad\quad〕〔cm^3〕}$$

【てんびん・メスシリンダーの使い方】

⑦ 電子てんびん，上皿てんびん，メスシリンダーは〔　　　　〕な台の上に置く。

⑧ 上皿てんびんで質量をはかるとき，〔　　　　〕は質量が少し大きそうなものから皿にのせる。

⑨ メスシリンダーは最小目盛りの〔　　　　〕まで目分量で読む。

【密度とものの浮き沈み】

⑩ 液体より固体の密度が〔　　　　〕とき，その固体は液体に浮く。

⑪ 液体より固体の密度が〔　　　　〕とき，その固体は液体に沈む。

ポイント

密度

一定の体積当たりの質量で，物質の種類によって決まっている。

$$密度〔g/cm^3〕＝\frac{質量〔g〕}{体積〔cm^3〕}$$

上皿てんびんの使い方

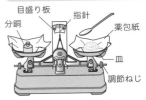

目盛り板　指針
分銅　　　　　薬包紙
皿
調節ねじ

・指針が左右に等しく振れるように，調節ねじで調節する。
・両方の皿に薬包紙をのせる。

メスシリンダーの使い方

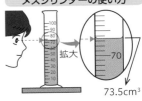

拡大　　70
73.5cm³

・液面のへこんだ面を最小目盛りの$\frac{1}{10}$まで目分量で読む。

トライ

解答 ➡ 別冊p.6

1 上皿てんびんの使い方について，次の問いに答えなさい。

(1) 上皿てんびんは，どのような台の上に置いて使うか。

〔　　　　　　　　〕

(2) 上皿てんびんの使い方で正しいものを，次のア～エから選びなさい。

ア　分銅は質量の小さいものから順に皿にのせる。

イ　分銅はピンセットで持つ。

ウ　薬包紙は一方の皿だけにのせる。

エ　指針が目盛り板の中央で止まったとき，つり合ったと判断する。

〔　　　　〕

チェックの解答　①質量　②g　③1000　④密度　⑤g/cm³　⑥質量，体積　⑦水平　⑧分銅　⑨$\frac{1}{10}$　⑩小さい　⑪大きい

2 金属A～Dについて，上皿てんびんを使って質量をはかった。次に，図のような，水を40.0cm³入れたメスシリンダーに金属A～Dを入れ，目盛りを読んだところ，下の表のようになった。あとの問いに答えなさい。

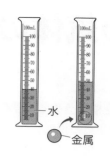
水
金属

	金属A	金属B	金属C	金属D
金属の質量〔g〕	8.07	31.48	44.80	24.21
メスシリンダーの目盛り〔cm³〕	43.0	44.0	45.0	49.0

(1) 金属Aの体積を求めなさい。

[   ]

(2) 最も密度が大きい金属を，A～Dから選びなさい。

[   ]

同じ金属なら，密度が等しいね。

(3) 金属Aと同じ金属であると考えられるものを，B～Dから選びなさい。

[   ]

3 表は，いろいろな物質の密度を示している。次の問いに答えなさい。

物質名	密度〔g/cm³〕
エタノール	0.79
重油	0.85～0.90
海水	1.01～1.05
水（4℃）	1.00
アルミニウム	2.70
鉄	7.87
銅	8.96

(1) 表の物質のうち，水に浮くものをすべて選びなさい。

[   ]

(2) 表の物質のうち，質量を同じにしたとき，最も体積が大きいものを選びなさい。

[   ]

(3) 表の物質のうち，体積を同じにしたとき，最も質量が大きいものを選びなさい。

[   ]

(4) 30.0 cm³のエタノールの質量を求めなさい。

[   ]

(5) 54.0 gのアルミニウムの体積を求めなさい。

[   ]

チャレンジ .... 解答 ➡ 別冊p.6

氷の密度を調べたら，0.92g/cm³であった。氷が水に浮く理由を簡単に説明しなさい。ただし，水の密度は1.00g/cm³である。

[

]

⑩ 気体の性質の調べ方と集め方

チェック

空欄をうめて，要点のまとめを完成させましょう。

【空気の組成】

① 空気中に最も多く含まれている気体は〔　　　　〕である。

② 酸素は空気中に約〔　　　　〕％含まれている。

③ 空気中には，窒素や酸素のほかに〔　　　　　　　〕やアルゴンなども含まれている。

【気体の性質の調べ方】

④ 気体のにおいをかぐときは〔　　〕であおぐようにする。

⑤ 気体を入れたペットボトルに水を入れて振ると，気体が水に溶けた場合はペットボトルが〔　　　　〕。

⑥ 水でぬらしたリトマス紙を気体に触れさせたとき，青色リトマス紙が赤色になる気体の水溶液は〔　　　〕性，赤色リトマス紙が青色になる気体の水溶液は〔　　　　〕性である。

⑦ 気体が溶けた水溶液に緑色のBTB溶液を加えたとき，黄色に変化する場合は〔　　〕性，青色に変化する場合は〔　　　　〕性である。

【気体の集め方】

⑧ 水に溶けにくい気体は〔　　　　　〕で集める。

⑨ 水に溶けやすい気体のうち，空気より密度が大きい気体は〔　　　　　〕で集める。

⑩ 水に溶けやすい気体のうち，空気より密度が小さい気体は〔　　　　　〕で集める。

ポイント

空気の組成

空気にはいろいろな気体が混ざり合っている。

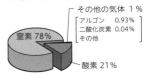

その他の気体 1 %
〔アルゴン　0.93%
二酸化炭素 0.04%
その他〕
窒素 78%
酸素 21%

気体が水に溶けたときの性質

・リトマス紙
青色→赤色：酸性
赤色→青色：アルカリ性

・BTB溶液（緑色）
黄色に変化→酸性
青色に変化→アルカリ性

気体の集め方

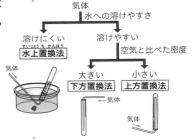

気体
水への溶けやすさ
溶けにくい → **水上置換法**
溶けやすい → 空気と比べた密度
大きい → **下方置換法**
小さい → **上方置換法**

トライ

解答 ⇒ 別冊p.6

1 図は，空気中に含まれる気体の体積の割合を示している。次の問いに答えなさい。

(1) 図のア，イの気体名を書きなさい。
ア〔　　　　〕　イ〔　　　　〕

(2) 有機物を燃やしたときに発生し，石灰水を白くにごらせる気体は何か。
〔　　　　　　　〕

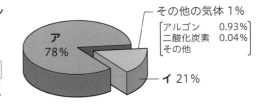

その他の気体 1 %
〔アルゴン　　0.93%
二酸化炭素　0.04%
その他〕
ア 78%
イ 21%

2 図のように, 水でぬらしたリトマス紙を気体に触れさせたところ, リトマス紙の色が変わった。次の問いに答えなさい。

(1) この気体は水に溶けやすいか, 溶けにくいか。

〔　　　　　　　　　　　　〕

(2) 青色リトマス紙が赤色に変化したとき, 気体の水溶液の性質は酸性・中性・アルカリ性のどれか。

〔　　　　　　　　　　　　〕

(3) 赤色リトマス紙が青色に変化したとき, 気体の水溶液の性質は酸性・中性・アルカリ性のどれか。

〔　　　　　　　　　　　　〕

3 図は, 気体の集め方を示している。次の問いに答えなさい。

(1) ア, イ, ウの集め方をそれぞれ何というか。

ア〔　　　　　　　　〕
イ〔　　　　　　　　〕
ウ〔　　　　　　　　〕

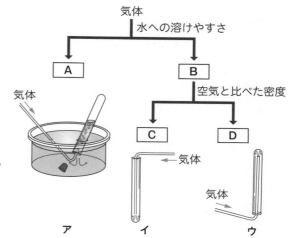

(2) 水に溶けにくい気体はA, Bのどちらか。

〔　　　　　　　　〕

(3) 空気より密度が大きい気体はC, Dのどちらか。

〔　　　　　　　　〕

(4) 空気が混じらない, 純粋な気体が集められる方法をア～ウから選びなさい。

〔　　　　　　　　〕

アは, 水と置き換えて気体を集めているよ。

(5) イ, ウの方法で集めた気体Bを入れたペットボトルに水を入れて振ると, ペットボトルはどうなるか。「ふくらむ」「変化しない」「へこむ」から選びなさい。

〔　　　　　　　　〕

チャレンジ ‥‥‥‥‥‥‥‥‥‥‥‥‥‥‥‥‥‥‥‥‥‥‥‥‥ 解答 ➡ 別冊p.6

上方置換法と下方置換法で集められる気体の性質について, 「水」, 「空気」ということばを使って簡単に説明しなさい。

・上方置換法 〔　　　　　　　　　　　　　　　　　　　　　　　　〕

・下方置換法 〔　　　　　　　　　　　　　　　　　　　　　　　　〕

11 気体の発生と性質

チャート式シリーズ参考書 >>
第6章 2

チェック

空欄をうめて、要点のまとめを完成させましょう。

【酸素の発生と性質】

① [　　　　　　　　]にうすい過酸化水素水（オキシドール）
を加えると発生する。

② 水に溶けにくいので[　　　　　　　　]で集める。

③ ものを[　　　　　]はたらきがあり、色やにおいはない。

【二酸化炭素の発生と性質】

④ [　　　　　　]（または貝殻や卵の殻）にうすい塩酸を加えると
発生する。

⑤ 空気より密度が大きいので[　　　　　　　]で集める。

⑥ 水に少し溶けるだけなので[　　　　　　　]でも集められる。

⑦ [　　　　　]を白くにごらせる。

⑧ 水に少し溶け、水溶液は[　　]性を示す。色やにおいはない。

【アンモニアの発生と性質】

⑨ 塩化アンモニウムと[　　　　　　　　]の混合物を加熱する
と発生する。

⑩ 水に溶けやすく、空気より密度が小さいので[　　　　　　]で集
める。

⑪ 水によく溶け、水溶液は[　　　　　]性を示す。

⑫ 刺激臭が[　　　　]。

【水素の発生と性質】

⑬ [　　　　]や鉄などにうすい塩酸や硫酸を加えると発生する。

⑭ 水に溶けにくいので[　　　　　　]で集める。

⑮ 空気中で火をつけると[　　　　　]。あとに水ができる。

⑯ 色やにおいはなく、物質の中で最も密度が[　　　　]。

【その他の気体の性質】

⑰ 窒素は空気の体積の約[　　　]割を占める。

⑱ [　　　　]は塩化水素の水溶液である。

ポイント

酸素の発生と性質

うすい
過酸化水素水
（オキシドール）
酸素
水
二酸化
マンガン
水上置換法

・火のついた線香を入れると、
線香が炎を上げて燃える。
→ものを燃やす性質がある。

二酸化炭素の発生と性質

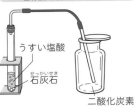

うすい塩酸
石灰石
二酸化炭素

下方置換法

・石灰水を入れてよく振ると、
石灰水が白くにごる。

アンモニアの発生と性質

上方置換法

塩化アンモニウムと
水酸化カルシウム
乾いた
試験管

・水によく溶け、水溶液はアルカ
リ性を示す。特有の刺激臭がある。

水素の発生と性質

水素
うすい塩酸
水
亜鉛
水上置換法

・空気中で火をつけると、爆発
して燃える。物質の中で最
も密度が小さい。

チェックの解答）①二酸化マンガン　②水上置換法　③燃やす　④石灰石　⑤下方置換法　⑥水上置換法　⑦石灰水　⑧酸
⑨水酸化カルシウム　⑩上方置換法　⑪アルカリ　⑫ある　⑬亜鉛　⑭水上置換法　⑮燃える　⑯小さい　⑰8　⑱塩酸

1 塩化アンモニウムと水酸化カルシウムを混ぜ合わせ，図のような装置で加熱してアンモニアを発生させた。次の問いに答えなさい。

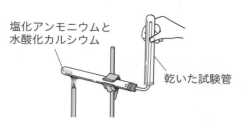

塩化アンモニウムと水酸化カルシウム

乾いた試験管

(1) 図のような気体の集め方を何というか。

[   ]

(2) 図のような方法でアンモニアを集めたのは，アンモニアにどのような性質があるからか。2つ答えなさい。

[   ]

[   ]

図では，空気と置き換えてアンモニアを集めているね。

(3) 水でぬらした赤色リトマス紙をアンモニアに触れさせたところ，リトマス紙の色が青色に変わった。アンモニアの水溶液の性質は酸性・中性・アルカリ性のどれか。

[   ]

2 図のようにして，水素を発生させた。次の問いに答えなさい。

液体X

水素

固体Y

水

(1) 水素を発生させるときに用いる液体Xと固体Yとして適切なものを，次からそれぞれ選びなさい。

液体X ア うすい過酸化水素水
イ うすい水酸化ナトリウム水溶液
ウ うすい塩酸

固体Y カ 石灰石 キ 二酸化マンガン ク 水酸化カルシウム ケ 亜鉛（あえん）

液体X [   ] 固体Y [   ]

(2) 水素を集めた試験管の口にマッチの火を近づけると，どうなるか。□□□に当てはまることばを書きなさい。

水素が [   ] 。

[   ]

(3) (2)のときにできる物質は何か。

[   ]

図のようにして，酸素を発生させて集めた。このような方法で酸素を集めるのは，酸素にどのような性質があるからか。「水」ということばを使って簡単に説明しなさい。

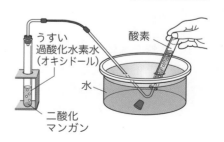

うすい過酸化水素水（オキシドール）

酸素

水

二酸化マンガン

[   ]

12 物質が水に溶けるようす

チェック

空欄をうめて，要点のまとめを完成させましょう。

【物質の溶け方】

① 水に物質が溶けた液体を〔　　　　　〕という。

② 砂糖水の砂糖のように，液体に溶けている物質を〔　　　　　〕という。

③ 砂糖水の水のように，溶質を溶かしている液体を〔　　　　　〕という。

④ 溶質が溶媒に溶けた液全体を〔　　　　　〕という。

【水溶液の性質】

⑤ 色がついているものと，色がついていないものがあるが，どちらも〔　　　　　〕である。

⑥ どの部分も濃さが〔　　　　　〕である。

【溶液の濃度】

⑦ 溶質の質量が溶液全体の質量の何%に当たるかを表すものを〔　　　　　　　　　〕という。

⑧ 質量パーセント濃度は次の式で表される。

質量パーセント濃度

$$=\frac{〔　　　　　〕の質量〔g〕}{溶液の質量〔g〕}×100$$

⑨ 溶液の質量〔g〕は，〔　　　　　〕の質量〔g〕と溶質の質量〔g〕の和である。

溶質・溶媒・溶液

溶媒（水）　溶質（砂糖）

溶液
（砂糖水…
砂糖の水溶液）

・溶媒が水である溶液を，特に水溶液という。

物質が水に溶けるようす

・溶質の粒子が水の中に均一に広がる。
　→水溶液の濃さは均一

・粒子の1つ1つは目に見えない。
　→水溶液は透明

水の粒子

角砂糖を水に入れた直後　砂糖の粒子

砂糖の粒子がばらばらに散らばっていく。

砂糖の粒子が均一に広がる。

トライ

解答 ⇒ 別冊p.7

1 水に砂糖を溶かして砂糖水をつくった。次の問いに答えなさい。

(1) 砂糖水の水のように，物質を溶かしている液を何というか。

〔　　　　　　　〕

(2) 砂糖水の砂糖のように，(1)に溶けている物質を何というか。

〔　　　　　　　〕

(3) 砂糖を水に溶かしたあと，そのまま数日放置した。図のA〜Cの濃さを正しく表しているものを，次のア〜エから選びなさい。

ア　Aの部分が最も濃い。　　イ　Bの部分が最も濃い。

ウ　Cの部分が最も濃い。　　エ　どの部分も濃さは同じ。

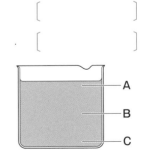

〔　　　　　〕

チェックの解答 ①水溶液　②溶質　③溶媒　④溶液　⑤透明　⑥同じ　⑦質量パーセント濃度　⑧溶質　⑨溶媒

2 水溶液の濃さについて，次の問いに答えなさい。

(1) 次の式のア〜エに当てはまることばを答えなさい。

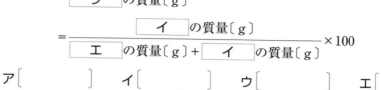

水溶液の質量〔g〕＝水の質量〔g〕＋ ［ ア ］ の質量〔g〕

$$質量パーセント濃度〔\%〕＝\frac{［イ］の質量〔g〕}{［ウ］の質量〔g〕}×100$$

$$＝\frac{［イ］の質量〔g〕}{［エ］の質量〔g〕＋［イ］の質量〔g〕}×100$$

ア〔　　　　〕　イ〔　　　　〕　ウ〔　　　　〕　エ〔　　　　〕

(2) 水120 gに砂糖30 gを溶かした砂糖水の質量パーセント濃度は何％か。

〔　　　　　　〕

(3) 質量パーセント濃度が15％の食塩水300 gには，何gの食塩が溶けているか。

〔　　　　　　〕

3 図のような3種類の食塩水をつくった。
次の問いに答えなさい。

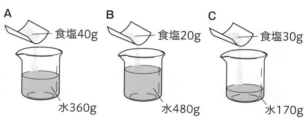

(1) Aの食塩水の質量は何gか。

〔　　　　　　〕

(2) Bの食塩水の質量パーセント濃度は
何％か。

〔　　　　　　〕

(3) 最も濃い食塩水を，A〜Cから選びなさい。

〔　　　　　　〕

(4) Aの食塩水に水を100 g加えた。このときの質量パーセント濃度は何％か。

〔　　　　　　〕

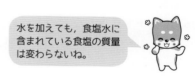
水を加えても，食塩水に含まれている食塩の質量は変わらないね。

(5) Cの食塩水に水を加えて8％の食塩水にしたい。あと何gの水を加えればよいか。

〔　　　　　　〕

チャレンジ .... 解答 ➡ 別冊p.7

図1は，角砂糖を水に入れた直後の
ようすを粒子のモデルで表している。
角砂糖が完全に水に溶けたあとのよう
すを，図2に粒子のモデルで表しなさ
い。ただし，水の粒子はかかなくてよ
い。

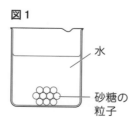

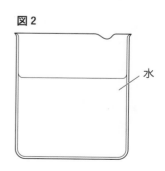

13 溶解度と再結晶

チェック

空欄をうめて，要点のまとめを完成させましょう。

【溶解度】

① 一定量の水に溶ける物質の量には限度がある。ある溶質が水に限度まで溶けている水溶液を［　　　　　　　］という。

② ある溶質を100gの水に溶かして飽和水溶液にしたとき，溶けた溶質の質量を［　　　　　　］という。その量は物質の種類によって決まっている。

③ 温度と溶解度の関係をグラフに表したものを［　　　　　　　　］という。

④ ろ紙などを使って固体と液体を分けることを［　　　　］という。

【結晶と再結晶】

⑤ 規則正しい形をした固体を［　　　　　　］という。その形は物質の種類によって決まっている。

⑥ 固体の物質をいったん溶媒に溶かし，温度を下げるなどして再び結晶として取り出すことを［　　　　　　　］という。

【混合物と純粋な物質】

⑦ 塩化ナトリウム水溶液などのように，複数の物質が混ざり合ったものを［　　　　　　］という。

⑧ 塩化ナトリウムなどのように，1種類の物質でできているものを［　　　　　　　　］（純物質）という。

ポイント

溶解度と溶解度曲線
・多くの物質では，温度が高くなるほど溶解度が大きくなる。
・塩化ナトリウムは，温度が変わっても溶解度があまり変化しない。

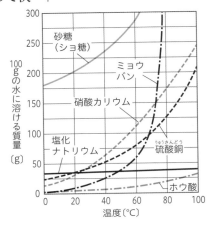

混合物
塩化ナトリウム水溶液，炭酸水，海水，石油，空気，ろう　など

純粋な物質
塩化ナトリウム，エタノール，酸素，二酸化炭素，銅　など

トライ

解答 ➡ 別冊p.7

1 図のように物質を分類した。次の問いに答えなさい。

(1) A，Bの物質をそれぞれ何というか。

A［　　　　　　］　B［　　　　　　　］

(2) 次のア～カの物質をAとBに分けなさい。

ア　空気　　イ　エタノール　　ウ　砂糖水
エ　銅　　　オ　炭酸水　　　　カ　水

A［　　　　　　］　B［　　　　　　］

(3) 複数の固体の物質が混ざり合ったものをいったん溶媒に溶かし，結晶となった1種類の物質を得る方法を何というか。

［　　　　　　　　　］

物質 ─┬─ A　複数の物質が混ざり合ったもの
　　　└─ B　1種類の物質でできているもの

チェックの解答 ①飽和水溶液　②溶解度　③溶解度曲線　④ろ過　⑤結晶　⑥再結晶　⑦混合物　⑧純粋な物質

2 図は，ミョウバンと塩化ナトリウムの，<u>100 g の水に溶ける限度の質量</u>と温度との関係を表している。次の問いに答えなさい。

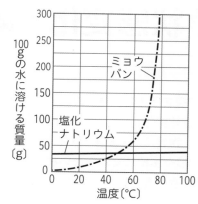

(1) 下線部の質量を何というか。

〔　　　　　　　　　　〕

(2) 100 g の水の温度が20℃のとき，ミョウバンと塩化ナトリウムではどちらが多く溶けるか。

〔　　　　　　　　　　〕

(3) 60℃の水100 g にミョウバンと塩化ナトリウムをそれぞれ30 g ずつ溶かした。温度を20℃まで下げたとき，結晶が出てくるのはミョウバンと塩化ナトリウムのどちらか。

〔　　　　　　　　　　〕

(4) (3)で結晶が現れなかったほうの物質は，結晶を得るためには，どのような操作をすればよいか答えなさいか。

〔　　　　　　　　　　　　　　　　　　　　　〕

3 表は，水の温度によって，塩化ナトリウムとミョウバンが100 g の水に溶ける限度の質量を調べたものである。次の問いに答えなさい。

温度〔℃〕	0	20	40	60
塩化ナトリウム〔g〕	35.7	35.8	36.3	37.1
ミョウバン〔g〕	3.0	5.9	11.7	24.8

(1) 60℃の水100 g を入れたビーカーに15 g の塩化ナトリウムとミョウバンをそれぞれ溶かしたところ，すべて溶けた。この水溶液の温度を下げていったところ，ある温度で結晶が見られたのは，塩化ナトリウムとミョウバンのどちらか。

〔　　　　　　　　　　〕

(2) (1)のときの温度はおよそ何℃か。表から選びなさい。

〔　　　　　　　　　　〕

(3) 60℃の水100 g にミョウバンを溶けるだけ溶かし，温度を20℃まで下げた。このとき出てくる結晶の質量は何 g か。

溶けきれなくなった分が結晶として出てくるよ。

〔　　　　　　〕

解答 ➡ 別冊p.7

チャレンジ

塩化ナトリウムは，水溶液の温度を下げても結晶がほとんど出てこない。その理由を，右の溶解度曲線を参考にして，「溶解度」ということばを使って簡単に説明しなさい。

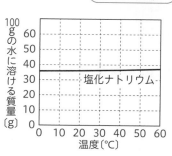

〔　　　　　　　　　　　　　　　　　　　　　〕

⓮ 状態変化と体積・質量

チェック

空欄をうめて，要点のまとめを完成させましょう。

【状態変化】

① 物質には，固体・液体・気体の３つの状態がある。氷のように，形や体積は変わらない状態を〔　　　　　〕という。

② 水のように，容器によって形は変わるが，体積は変わらない状態を〔　　　　　〕という。

③ 水蒸気のように，容器によって形も体積も変わる状態を〔　　　　　〕という。

④ 温度によって物質の状態が変わることを，物質の〔　　　　　　〕という。

⑤ 状態変化では，物質の種類は変化〔　　　　　　〕。

⑥ 固体→液体→気体と状態変化するのは，物質を〔　　　　　〕したときである。

⑦ 気体→液体→固体と状態変化するのは，物質を〔　　　　　〕したときである。

【状態変化と体積・質量・密度】

⑧ 液体が気体に変化すると，体積が〔　　　　　〕なる。

⑨ 水以外の物質では，液体が固体に変化すると，体積が〔　　　　　〕なる。

⑩ 水は，液体が固体に変化すると，体積が〔　　　　　〕なる。

⑪ 状態変化では質量は変化〔　　　　　〕。

⑫ 液体が気体に変化すると，密度は〔　　　　　〕なる。

⑬ 水以外の物質では，液体が固体に変化すると，密度が〔　　　　　〕なる。

⑭ 水は，液体が固体に変化すると，密度が〔　　　　　〕なる。

【状態変化と粒子のモデル】

⑮ 固体・液体・気体のうち，粒子の運動が最も激しいのは〔　　　　　〕である。

⑯ 固体・液体・気体のうち，粒子間の距離が最も小さいのは〔　　　　　〕である。

物質の状態変化

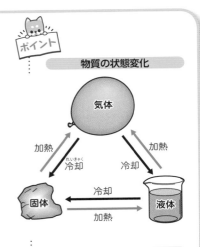

状態変化と体積

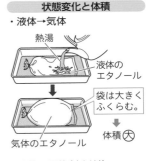

・液体→気体

・液体→固体（水以外）

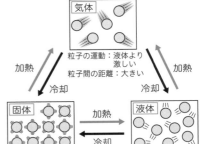

チェックの解答　①固体　②液体　③気体　④状態変化　⑤しない　⑥加熱　⑦冷却　⑧大きく　⑨小さく　⑩大きく　⑪しない　⑫小さく　⑬大きく　⑭小さく　⑮気体　⑯固体

1 図は，物質の３つの状態とその変化を粒子のモデルで表したもので，矢印は加熱，または冷却を表している。次の問いに答えなさい。

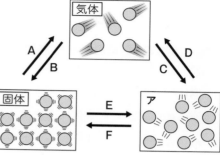

(1) 図のアの状態を何というか。

[   ]

(2) 図のA～Fのうち，加熱を表す矢印をすべて選びなさい。

[   ]

(3) 質量が同じとき，体積が最も大きい状態を，気体，固体，アから選びなさい。

[   ]

2 固体のろうをビーカーに入れて加熱して液体にした。液面に印をつけて質量をはかったあと，図のように氷水で冷やして固体にし，質量をはかった。次に，別のビーカーに水を入れ，同じように液面に印をつけて質量をはかったあと，食塩を入れた氷水で冷やして固体にし，質量をはかった。次の問いに答えなさい。

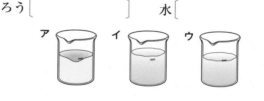

(1) 冷えて固体になったあとの質量は，液体のときと比べて，それぞれどうなったか。

ろう[   ] 水[   ]

(2) 冷えて固体になったときのようすを，それぞれ，右のア～ウから選びなさい。

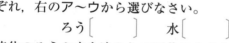

ろう[   ] 水[   ]

(3) 液体のろうや水を冷やして固体にすると体積が変化する。その理由として最も適当なものを，次のア～エから選びなさい。

ア 粒子の集まり方が変化したから。
イ 粒子の数が変化したから。
ウ 粒子１個ずつの質量が変化したから。
エ 粒子が別のものに変化したから。

[   ]

ろうや水が液体から固体になると，体積はどうなるかな。ろうと水ではようすがちがうよ。

(4) 液体のろうが冷えて固体になったとき，密度はどうなったか。

[   ]

固体の氷は液体の水に浮く。その理由を述べた次の文の □ に当てはまる内容を，「質量」，「体積」ということばを使って簡単に説明しなさい。

水が氷になると， □□□□□ ので，密度が小さくなるから。

[   ]

⓯状態変化と温度

✎ チェック

空欄をうめて，要点のまとめを完成させましょう。

【物質が状態変化するときの温度】

① 液体の表面から気体に変化することを〔　　　　〕という。

② 液体の内部からも気体に変化することを〔　　　　〕という。

③ 液体が沸騰して気体に変化するときの温度を〔　　　　〕という。

④ 水の沸点は〔　　　〕℃である。

⑤ 固体がとけて液体に変化するときの温度を〔　　　　〕という。

⑥ 水の融点は〔　　　〕℃である。

⑦ 融点や沸点は，物質の種類によって決まって〔　　　　〕。

【水とエタノールの混合物の蒸留】

⑧ 液体を沸騰させて気体にし，それを冷やして再び液体にして取り出す方法を〔　　　　〕という。

⑨ 水とエタノールの混合物を加熱するときは，突沸（液体が急に沸騰すること）を防ぐため，〔　　　　〕を入れておく。

⑩ 水とエタノールのうち，火をつけたときに燃えるのは，〔　　　　〕で，水よりエタノールのほうが，沸点が低い。

⑪ 水とエタノールのうち，においがあるのは，〔　　　　〕である。

⑫ 水とエタノールの混合物を加熱すると，先に出てくる気体には〔　　　　〕が多く含まれている。

ポイント

水の状態変化と温度

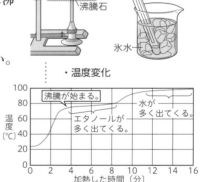

水とエタノールの混合物の蒸留
・方法

・温度変化

✎ トライ

解答 ➡ 別冊p.8

1 図1のようにして，エタノールが沸騰する温度を調べ，結果を図2のグラフに表した。次の問いに答えなさい。

(1) 図1のXは，液体が急に沸騰することを防ぐために入れるものである。Xを何というか。〔　　　　〕

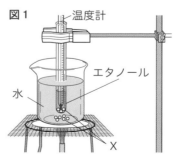

図1

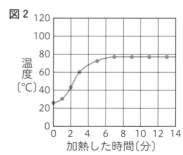

図2

チェックの解答 ①蒸発 ②沸騰 ③沸点 ④100 ⑤融点 ⑥0 ⑦いる ⑧蒸留 ⑨沸騰石 ⑩エタノール ⑪エタノール ⑫エタノール

(2) 沸騰が始まったのは，加熱を始めてから何分後か。次のア〜エから選びなさい。

　　ア　2分後　　イ　3分後　　ウ　5分後　　エ　7分後

[　　　]

(3) 液体が沸騰して気体に変化するときの温度を何というか。

[　　　]

(4) エタノールの(3)はおよそ何℃か。次のア〜エから選びなさい。

　　ア　60℃　　イ　70℃　　ウ　78℃　　エ　100℃

[　　　]

(5) エタノールの質量を2倍にして，同じ実験を行うと，(3)の温度はどうなるか。

[　　　]

2 図1のようにして水とエタノールの混合物を加熱し，ガラス管の先から出てきた液体をA〜Cの試験管に，この順番で集めた。次の問いに答えなさい。

(1) この実験で，出てくる蒸気の温度を測定するために，温度計の液だめの位置として最も適当なものを，次のア〜エから選びなさい。

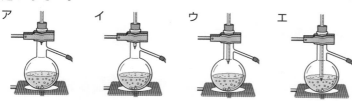

[　　　]

(2) A〜Cの試験管に集めた液体のうち，蒸発皿に移してマッチの火を近づけたときに最も長く燃えるのはどれか。

[　　　]

(3) A〜Cの試験管に集めた液体のうち，水を最も多く含んでいるのはどれか。

[　　　]

(4) 水とエタノールの混合物を加熱したときの温度変化はどのようになるか。図2のア〜ウから選びなさい。

[　　　]

(5) この実験のように，液体を沸騰させて気体にし，それを冷やして再び液体にして取り出す方法を何というか。

[　　　]

図1

温度計
枝つきフラスコ
水とエタノールの混合物
ガラス管
沸騰石
氷水

エタノールと水の一方は燃えるけど，もう一方は燃えないよ。

図2

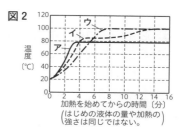

加熱を始めてからの時間〔分〕
（はじめの液体の量や加熱の強さは同じではない。）

チャレンジ　・・・　解答 ➡ 別冊p.8

蒸留とはどのような方法か。「液体」ということばを使って簡単に説明しなさい。

[

]

1 身のまわりの物質について，次の問いに答えなさい。

(1) 3種類の白い粉がある。この粉を区別するために，下の表のような実験を行った。A，B，Cの物質はそれぞれ何か。ただし，粉は食塩，砂糖，かたくり粉のいずれかである。

物質	A	B	C
加熱したときの変化	変化なし	黒くこげた	黒くこげた
水に入れてかき混ぜたときの変化	溶けた	白くにごった	溶けた

A〔　　　　　〕　B〔　　　　　〕　C〔　　　　　〕

(2) エタノールを燃焼さじにのせ，液体Xが入った集気びんの中で燃やした。燃え終わったら燃焼さじを出してふたをし，よく振ると，中の液体が白くにごった。

① この液体Xは何か。　　　　　　　　　〔　　　　　　〕

② このとき発生した気体は何か。　　　　〔　　　　　　〕

③ この実験より，エタノールは無機物と有機物のどちらか。〔　　　　　　〕

2 図は，A〜Eの物質の体積と質量の関係をグラフに示している。次の問いに答えなさい。

(1) 密度が最も大きい物質をA〜Eから選びなさい。
〔　　　　　　〕

(2) 密度が同じ物質を，A〜Eから2つ選びなさい。
〔　　　　　　〕

(3) 同じ質量にしたとき，体積が最も大きい物質をA〜Eから選びなさい。〔　　　　　　〕

(4) 水に入れたとき，水に沈む物質をA〜Eからすべて選びなさい。ただし，水の密度は，1.0g/cm³である。
〔　　　　　　〕

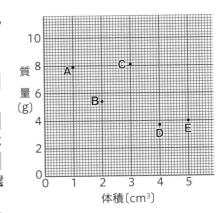

3 図1のような装置で水素を，図2のような装置でアンモニアを発生させた。次の問いに答えなさい。

(1) 図1で，水素を発生させるときに用いる液体Xとして適切なものを，次のア〜エから選びなさい。
ア 石灰水　　イ うすい塩酸
ウ うすい水酸化ナトリウム水溶液　　エ 食塩水
〔　　　　　　〕

(2) 水素とアンモニアはどのような方法で集めるか。最も適した方法を右のア〜ウから1つずつ選びなさい。
水素〔　　　〕アンモニア〔　　　〕

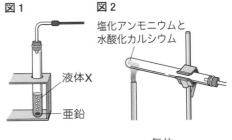

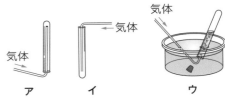

(3) 水素とアンモニアの性質を，次のア〜エから1つずつ選びなさい。

ア 水溶液はアルカリ性を示す。

イ 石灰水を白くにごらせる。

ウ マッチの火を近づけると，気体が爆発して燃える。

エ 線香の火を入れると，線香が激しく燃える。

水素〔　　　〕　　　　アンモニア〔　　　〕

(4) アンモニアには刺激臭がある。アンモニアのにおいはどのようにしてかぐか，簡単に説明しなさい。　〔　　　　　　　　　　　　　　　　　　　　　　　〕

4 2つのビーカーに60℃の水100gずつを入れ，一方には塩化ナトリウムを，もう一方には硝酸カリウムを，それぞれ30gずつ入れてよくかき混ぜたところ，どちらの物質も全部溶けた。次の問いに答えなさい。ただし，図は，塩化ナトリウムと硝酸カリウムの溶解度曲線を示している。

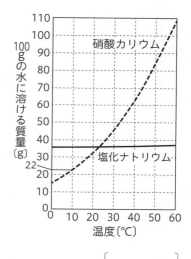

(1) 塩化ナトリウムの水溶液の質量パーセント濃度は何％か。四捨五入して小数第1位まで求めなさい。　〔　　　　　　〕

(2) 2つの水溶液を冷やしていったところ，一方の物質の水溶液では，ある温度で結晶が出てきた。結晶が出てきたのは，塩化ナトリウムと硝酸カリウムのどちらか。　〔　　　　　　〕

(3) (2)で，結晶が出はじめたのは約何℃か。次のア〜エから選びなさい。

ア 48℃　　イ 38℃　　ウ 28℃　　エ 18℃

〔　　　〕

(4) 硝酸カリウムの水溶液の温度を10℃まで下げると，何gの結晶が出てくるか。

〔　　　　　　〕

5 物質の状態変化について，次の問いに答えなさい。

(1) 表は，5種類の純粋な物質の融点と沸点を示している。20℃で液体である物質をA〜Eからすべて選びなさい。

物質	A	B	C	D	E
融点〔℃〕	801	0	63	−210	−115
沸点〔℃〕	1413	100	360	−196	78

〔　　　　　〕

(2) 20℃で固体の物質をA〜Eからすべて選びなさい。　〔　　　　　〕

(3) A〜Eのうち，水はどれか。　〔　　　　　〕

(4) 蒸留について正しく述べたものを，次のア〜エから選びなさい。

ア 蒸留は，融点の違いを利用して混合物をそれぞれの物質に分ける操作である。

イ 蒸留では，沸点の高い物質が先に気体になって出てくる。

ウ 水とエタノールの混合物の蒸留では，水が先に気体になって出てくる。

エ 水とエタノールの混合物の蒸留では，エタノールが先に気体になって出てくる。

〔　　　　　〕

16 光の進み方と反射

チャート式シリーズ参考書 >>
第9章 1

チェック

空欄をうめて，要点のまとめを完成させましょう。

【光の進み方】

① 太陽などのように，みずから光を出すものを [　　　　　] という。

② 同じ物質中では，光はまっすぐに進む。光がまっすぐに進むことを光の [　　　　　] という。

【光の反射】

③ 物体の表面で光がはね返ることを，光の [　　　　　] という。

④ 鏡などの面に当たった光を [　　　　　] という。

⑤ 鏡などではね返った光を [　　　　　] という。

⑥ 面に垂直な線と入射光との間の角を [　　　　　] という。

⑦ 面に垂直な線と反射光との間の角を [　　　　　] という。

⑧ 入射角と反射角の大きさは，いつも [　　　　　]。

⑨ 入射角＝反射角　となることを [　　　　　] の法則という。

⑩ 鏡のおくに物体があるように見えるとき，これを物体の [　　　　　] という。

⑪ 鏡に物体を映すとき，物体と像は，鏡に対して [　　　　　] の位置にある。

⑫ 光がさまざまな方向に反射することを，[　　　　　] という。

ポイント

光の反射

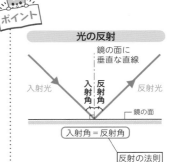

鏡の面に垂直な直線

入射光　　　反射光

入射角　反射角

鏡の面

入射角＝反射角

反射の法則

鏡で反射する光と像

像は反射光の延長線上に見える。

見かけの光の道すじ

像

鏡の面

反射光　入射光

物体

乱反射

1つ1つの光の道すじは，入射角＝反射角　となっている。

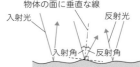

物体の面に垂直な線

入射光　　　反射光

入射角　反射角

トライ

解答 ➡ 別冊p.9

1 右の図は，鏡に当たった光の進むようすを表している。次の問いに答えなさい。

(1) 入射角をア〜エから選びなさい。

[　　　　]

(2) 反射角をア〜エから選びなさい。

[　　　　]

(3) 図で，入射角と反射角の大きさの関係はどうなっているか，等号（＝）または不等号（＜＞）を使って書きなさい。

入射角 [　　　　] 反射角

(4) (3)のような関係を何というか。

[　　　　　　　　　　]

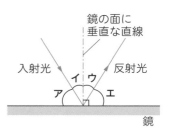

鏡の面に垂直な直線

入射光　　　反射光

イ　ウ

ア　　エ

鏡

チェックの解答　①光源　②直進　③反射　④入射光　⑤反射光　⑥入射角　⑦反射角　⑧等しくなる（同じになる）　⑨反射　⑩像　⑪対称　⑫乱反射

2 光の性質について，次の問いに答えなさい。

(1) 次の文章のア，イに当てはまることばを答えなさい。

太陽や電球などのように，みずから光を出す物体を（　ア　）という。アが見えるのは，アからの光が直接目に入るからである。月や木など，みずから光を出さない物体でも見ることができるのは，アからの光が物体に（　イ　）して，その光が目に入るからである。

ア[　　　　　]　イ[　　　　　]

(2) 右の図で，鏡で反射した光Aの道すじを，ア～エから選びなさい。

[　　　　]

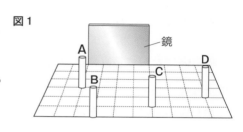

---

3 図1のように，水平な面に長方形の鏡と，同じ大きさのチョークA～Dを垂直に立て，鏡に映る像を観察した。図2は鏡に映る像を，点Pから観察しているときの位置関係を真上から表したものである。このとき，鏡に映っていたチョークはどれか。A～Dからすべて選びなさい。ただし，目の位置はチョークと同じ高さとし，マス目は正方形である。

[　　　　]

図1

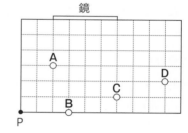

点Pと鏡の左端を結ぶ直線が入射光となるときの反射光をかいてみよう。鏡の右端も同じように考えよう。

図2

解答 ➡ 別冊p.9

🔖 **チャレンジ**

右の図で，物体Pから出た光が鏡で反射して目に届く道すじをかきなさい。また，鏡に映った像P′も図にかき入れなさい。

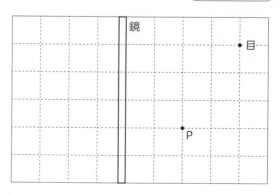

17 光の屈折

チェック

空欄をうめて，要点のまとめを完成させましょう。

【光の屈折】

① 異なる物質の境界面で光が折れ曲がって進むことを，光の
　　[　　　　　]という。

② 異なる物質の境界面で，折れ曲がって進む光を[　　　　　]という。

③ 境界面に垂直な線と屈折光の間の角を[　　　　　]という。

④ 空気から水やガラスへ光が進むとき，屈折角は入射角より
　　[　　　　　]なる。

⑤ 水やガラスから空気へ光が進むとき，屈折角は入射角より
　　[　　　　　]なる。

⑥ 境界面に対して垂直に進む光は[　　　　　]する。

【光の屈折による見え方】

⑦ おわんの底にコインを置き，水を注ぐと，コインが浮き上がって
　見える。このとき見えているのはコインの[　　　　　]である。

⑧ 水の入ったコップにストローを斜めに入れて上から見ると，スト
　ローが[　　　　　]見える。

【全反射】

⑨ 水やガラスから空気へ光が進むとき，入射角を大きくしていくと，
　光は境界面ですべて反射する。これを[　　　　　]という。

⑩ 全反射を利用したものには，光通信や内視鏡などに応用されてい
　る[　　　　　]などがある。

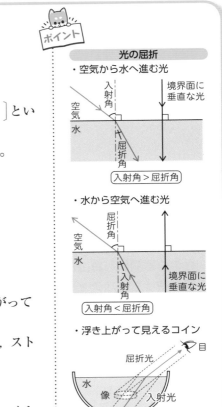

ポイント

光の屈折

・空気から水へ進む光

入射角 > 屈折角

・水から空気へ進む光

入射角 < 屈折角

・浮き上がって見えるコイン

トライ

解答 ➡ 別冊p.9

1 右の図は，水中から空気中に入射した光の進むようすを
表している。次の問いに答えなさい。

(1) 入射角をa〜fから選びなさい。

　　　　　　　　　　　　　　　　　　　[　　　　　]

(2) 屈折角をa〜fから選びなさい。

　　　　　　　　　　　　　　　　　　　[　　　　　]

(3) 図で，入射角と屈折角の大きさの関係はどうなっているか，等号（＝）または不等号（＜＞）を
　使って書きなさい。

　　　　　　　　　　　　　　　入射角[　　　　　]屈折角

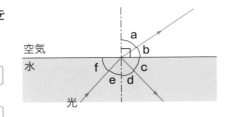

2 図のようにして，方眼の上に方形ガラスを置き，ガラスに斜めから光を当てて，入射角と屈折角の大きさを調べた。次の問いに答えなさい。

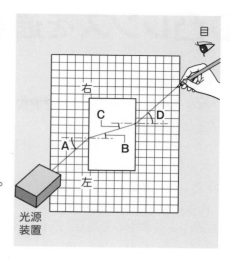

(1) 図中のA～Dのうち，屈折角をすべて選びなさい。

〔　　　　　　　〕

(2) AとBの角では，どちらが大きいか。

〔　　　　　　　〕

(3) 光源装置の反対側から光源装置を見たとき，光源装置はどのように見えるか。次のア～ウから選びなさい。
　ア　実物と同じ位置に見える。
　イ　実物よりも右にずれて見える。
　ウ　実物よりも左にずれて見える。

〔　　　　　〕

3 光の進み方について，次の問いに答えなさい。

(1) 金魚の入った水槽を斜め下からのぞいたところ，水面に上下逆になった金魚の像が見えた。これは何という現象によるものか。

〔　　　　　　　〕

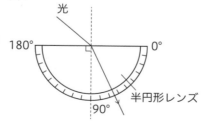

金魚の像は，反射した光によってできたものだよ。

(2) (1)のような光の進み方を利用したものを，次のア～エから選びなさい。
　ア　電球　　　イ　ルーペ
　ウ　光電池　　エ　光ファイバー

〔　　　　〕

解答 ➡ 別冊p.9

💬 **チャレンジ** ‥‥‥‥‥‥‥‥‥‥‥‥‥‥‥‥‥‥‥‥‥‥‥‥‥‥‥‥

図1は，半円形レンズに光を当てたときの，屈折した光の進み方を表している。図2のように半円形レンズを回転させたときの，屈折した光の進み方を作図しなさい。

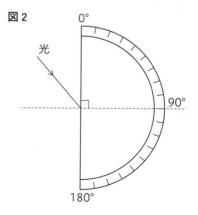

図1

図2

18 凸レンズを通る光の進み方

チェック

空欄をうめて，要点のまとめを完成させましょう。

【凸レンズの性質】

① ルーペなどに使われている，中央部がふくらんだレンズを［　　　　　　］という。

② 凸レンズを通して見えるものやスクリーンなどに映ったものを［　　　　］という。

③ 凸レンズの中心を通り，凸レンズに垂直な線を［　　　　　　］(凸レンズの軸)という。

④ 光軸に平行な光を凸レンズに当てると，光は［　　　　　］して1点に集まる。

⑤ 光軸に平行な光を凸レンズに当てたとき，光が1点に集まる点を［　　　　　］という。

⑥ 凸レンズの中心から焦点までの距離を［　　　　　　　］という。

⑦ 凸レンズのふくらみが大きいほど，焦点距離は［　　　　　］。

【凸レンズを通る光の進み方】

⑧ 光軸に平行に凸レンズに入った光は，屈折して［　　　　］を通る。

⑨ 凸レンズの中心を通る光は［　　　　　］する。

⑩ 焦点を通って凸レンズに入った光は，屈折して光軸に［　　　　　］に進む。

ポイント

凸レンズの焦点と焦点距離

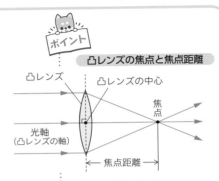

凸レンズを通る光の進み方

・光軸に平行な光

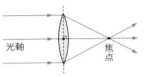

・凸レンズの中心を通る光

・焦点を通る光

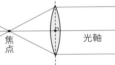

トライ

解答 ⇒ 別冊p.10

1 図は，凸レンズを通った光の進むようすを表している。次の問いに答えなさい。

(1) 図で，凸レンズの中心を通る線Aを何というか。

［　　　　　　　］

(2) 図で，光が1点に集まる点Fを何というか。

［　　　　　　　］

(3) 凸レンズの中心から点Fまでの距離を何というか。

［　　　　　　　］

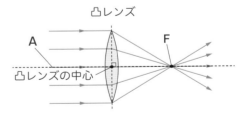

チェックの解答 ①凸レンズ　②像　③光軸　④屈折　⑤焦点　⑥焦点距離　⑦短い　⑧焦点　⑨直進　⑩平行

2 図は，ある凸レンズを通った光の進み方を表している。次の問いに答えなさい。

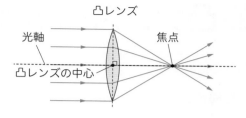

(1) 別の凸レンズを使ったところ，焦点距離が短くなった。この凸レンズのふくらみは，図の凸レンズと比べて大きいか，小さいか。

[   ]

(2) 凸レンズを通して見えるものや，スクリーンなどに映ったものを何というか。

[   ]

(3) 凸レンズを利用したものを，次のア〜ウから選びなさい。
   ア　光ファイバー　　イ　ルーペ　　ウ　鏡

[   ]

3 図1は光軸に平行な光を当てたときの光の進み方，図2は凸レンズの中心を通る光の進み方，図3は凸レンズの焦点を通る光の進み方を示している。光の進み方として正しいものを，それぞれア〜ウから選びなさい。

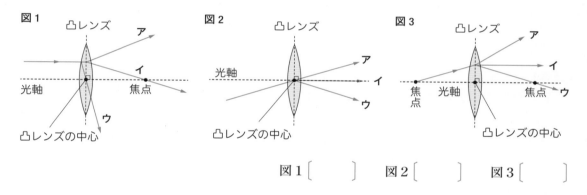

図1 [   ]　　図2 [   ]　　図3 [   ]

解答 ➡ 別冊p.10

チャレンジ

図のように，光軸に平行に進んだ光は，その後どのように進むか。図に実線でかきなさい。

光軸に平行に進んだ光は，凸レンズで屈折するよ。

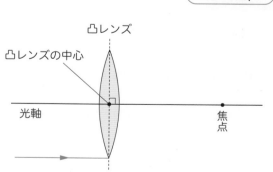

43

19 凸レンズによってできる像

チェック

空欄をうめて，要点のまとめを完成させましょう。

【実像】

① 光が実際に集まってできる像を〔　　　　　〕という。

② 実像の向きは，もとの物体と上下左右が〔　　　　　〕になる。

③ 実像の作図では，❶光軸に平行に進み，凸レンズで屈折して焦点を通る光の道すじ，❷凸レンズの中心を通り，直進する光の道すじ，❸焦点を通って凸レンズに入り，屈折して光軸に平行に進む光の道すじのうち2つをかき，〔　　　　　〕を求める。

④ 物体が焦点距離の2倍より遠い位置にあるとき，実像の大きさはもとの物体より〔　　　　　〕なる。

⑤ 物体が焦点距離の2倍の位置にあるとき，実像の大きさはもとの物体と〔　　　　　〕になる。

⑥ 物体が焦点距離の2倍と焦点の間にあるとき，実像の大きさはもとの物体より〔　　　　　〕なる。

⑦ 物体が焦点にあるときは，像は〔　　　　　〕。

【虚像】

⑧ 物体が焦点の内側にあるとき，物体の反対側から凸レンズをのぞくと見える像を〔　　　　　〕という。

⑨ 虚像の向きは，もとの物体と上下左右が〔　　　　　〕になる。

⑩ 虚像の大きさは，もとの物体より〔　　　　　〕なる。

⑪ 虚像の作図では，光の道すじをかき，それを〔　　　　　〕方向に延長して交点を求める。

ポイント

実像
・物体の位置は焦点より外側。
・スクリーンにうつる。
・物体と上下左右が逆向き。
・物体の位置が焦点に近づくにつれて，実像が大きくなる。

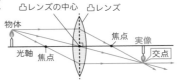

虚像
・物体の位置は焦点より内側。
・スクリーンにうつらない。
・物体と上下左右が同じ向き。
・物体より大きい。

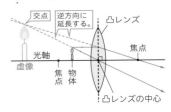

※物体が焦点の位置にあるときは，実像も虚像もできない。

トライ

解答 ⇒ 別冊p.10

1 図は，凸レンズを通った光の進むようすを表している。次の問いに答えなさい。

(1) 図のときにできる像を何というか。
〔　　　　　　　〕

(2) 図のときにできる像の向きは，物体と比べて上下左右がどうなっているか。
〔　　　　　　　〕

(3) 物体を焦点に近づけていくと，できる像の大きさはどうなるか。
〔　　　　　　　〕

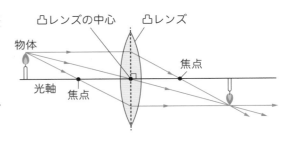

チェックの解答 ①実像 ②逆向き（反対） ③交点 ④小さく ⑤同じ ⑥大きく ⑦できない ⑧虚像 ⑨同じ ⑩大きく ⑪逆

2 下の図のように，物体から凸レンズまでの距離をa，凸レンズから像までの距離をbとし，aの距離をいろいろ変えて，bの距離を調べた。右の表はその結果である。あとの問いに答えなさい。

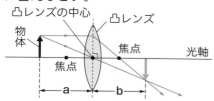

	物体の位置	像の大きさ	像の向き	aとbの比較
①	焦点距離の2倍より遠い	物体より（　ア　）	上下左右が逆向き	エ
②	焦点距離の2倍	物体と同じ	上下左右が逆向き	オ
③	焦点距離の2倍と焦点の間	物体より（　イ　）	上下左右が逆向き	カ
④	焦点	（　ウ　）		
⑤	焦点の内側	物体より大きい	上下左右が同じ	

(1) ①〜③のときにできる像を何というか。

〔　　　　　　　〕

(2) ⑤のときにできる像を何というか。

〔　　　　　　　〕

(3) 表のア〜ウに当てはまることばをそれぞれ答えなさい。

ア〔　　　　　〕　イ〔　　　　　〕　ウ〔　　　　　〕

(4) エ〜カには，距離aとbの比較が入る。それぞれ a＝b，a＞b，a＜b のどれが当てはまるか。

エ〔　　　　　〕　オ〔　　　　　〕　カ〔　　　　　〕

3 図の位置に物体を置いたとき，a，bの光が凸レンズを通った後の道すじと，できる像をかきなさい。

a，bの光の道すじの交点が，像の先端の位置になるよ。マス目を数えて正確にかこう。

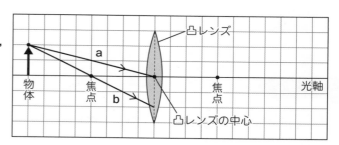

解答 ➡ 別冊p.10

チャレンジ

タンポポをルーペで観察したときに見える像は，虚像である。右の図は，タンポポを矢印として，虚像が見えたようすを説明するための図である。このときの虚像を矢印で右に作図しなさい。ただし，作図に使った線は消さずに残しておくこと。

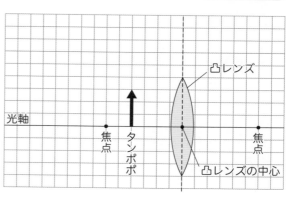

20 音の伝わり方と速さ

チェック

空欄をうめて，要点のまとめを完成させましょう。

【音の伝わり方】

① 音が出ている物体は[　　　]している。

② 音を発生させる物体を[　　　]（発音体）という。

③ 空気などの気体は音を[　　　]。

④ 水などの液体，金属などの固体は音を[　　　]。

⑤ 真空中では音は[　　　]。

⑥ 振動が次々と伝わる現象を[　　　]という。

【音の伝わる速さ】

⑦ 音の伝わる速さは光の速さより[　　　]。

⑧ 音の速さは次の式で求める。

$$音の速さ〔m/s〕 = \frac{音が伝わった[\quad]〔m〕}{音が伝わるのにかかった時間〔s〕}$$

⑨ 音が伝わった距離は次の式で求める。

音が伝わった距離〔m〕
　= 音の[　　　]〔m/s〕×音が伝わるのにかかった時間〔s〕

ポイント

音の伝わり方

・空気，水，金属などは音を伝える。

振動する。　空気　鼓膜
音源　振動する。　振動する。

・真空中では音は伝わらない。

ピンチコック　簡易真空ポンプ
弁　空気を抜く
空気　真空になる
発泡ポリスチレン球　容器　乾電池つきブザー

空気を抜いても動き続ける　空気を抜くとブザーの音が小さくなり，やがて聞こえなくなる
⇩　⇩
音源は振動している　音が伝わらない

トライ

解答 ➡ 別冊p.10

1 右の図は，音の伝わるようすを表している。次の問いに答えなさい。

(1) 振動して音を発生している物体Xを何というか。

[　　　]

(2) 耳の中にあるうすい膜Yを何というか。

[　　　]

(3) 振動が次々と伝わる現象を何というか。

[　　　]

(4) 図のときに音を伝えているのは何か。

[　　　]

(5) 音が伝わらないところを次のア〜エから選びなさい。

　ア 水中　　イ 真空中　　ウ 金属中　　エ 糸

[　　　]

振動する。
空気
Y
振動する。
X

チェックの解答 ①振動 ②音源 ③伝える ④伝える ⑤伝わらない ⑥波 ⑦遅い ⑧距離 ⑨速さ

2 音の速さについて，次の問いに答えなさい。

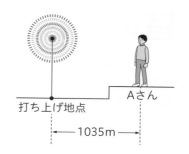

(1) 花火の打ち上げ地点から1035m離れた場所にいるAさんには，花火の光が見えてから3秒後に音が聞こえた。花火の音が伝わる速さを求めなさい。

[   ]

(2) 音の伝わる速さが(1)のとき，Bさんがいるところでは，花火の光が見えてから2.4秒後に音が聞こえた。Bさんがいるところは，花火の打ち上げ地点から何m離れているか求めなさい。

[   ]

3 図のように，AさんとBさんが170m離れて立ち，Aさんは競技用のピストルをうった。Bさんは，ピストルの煙が見えてから音が聞こえるまでの時間を，ストップウォッチではかった。このとき，何秒後にピストルの音が聞こえるか求めなさい。ただし，空気中を音が伝わる速さを340m/sとする。

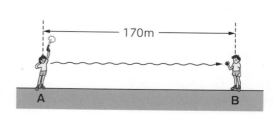

[   ]

4 超音波は，漁業や海底のようすを調べることにも使われている。図のように，船から海底に向けて超音波を出し，海底で反射させて再び船に戻るまでの時間をはかると1.6秒だった。超音波は海水中を1500m/sの速さで伝わるとして，船から海底までの距離を求めなさい。

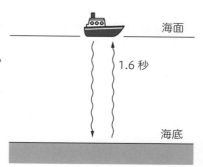

[   ]

超音波は船から海底までの距離を往復しているよ。

チャレンジ ･････････････････ 解答 ➡ 別冊p.11

雷の稲妻が見えてから少したってから音が聞こえた。このように，音が聞こえるまでに時間がかかる理由を，「光」ということばを使って簡単に説明しなさい。

[   ]

21 音の大きさと高さ

チェック

空欄をうめて、要点のまとめを完成させましょう。

【音の大きさと高さ】

① 音源の振動の振れ幅を〔　　　　　〕という。

② 弦を強くはじくと、振幅が〔　　　　　〕なる。

③ 振幅が大きいほど、音が〔　　　　　〕なる。

④ 音源が一定時間（1秒間）に振動する回数を〔　　　　　〕（周波数）という。

⑤ 振動数の単位には〔　　　　　〕（ヘルツ）を使う。

⑥ 弦を長くすると、振動数が〔　　　　　〕なる。

⑦ 弦を張る強さを強くすると、振動数が〔　　　　　〕なる。

⑧ 弦の太さが太いほど、振動数が〔　　　　　〕なる。

⑨ 振動数が多いほど、音が〔　　　　　〕なる。

【音の波形】

⑩ オシロスコープやコンピュータで音源の振動のようすを波形として表示するとき、画面の縦軸は〔　　　　　〕、横軸は時間を表す。

⑪ 音の波形で、波の山や谷が大きいほど、振幅が〔　　　　　〕。

⑫ 音の波形で、波の数が多いほど、振動数が〔　　　　　〕。

ポイント

音源の振幅と音の大きさ

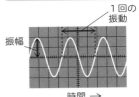

・振幅大 → 大きい音
・振幅小 → 小さい音

音源の振動数と音の高さ

振動数	多い	少ない
音の高さ	高い	低い
弦の長さ	短い	長い
弦の太さ	細い	太い
弦の張り方	強い	弱い

音の波形

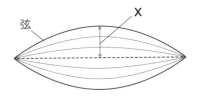

トライ

解答 ➡ 別冊 p.11

1 図は、弦の振動を表している。次の問いに答えなさい。

(1) 図のXの長さを何というか。
〔　　　　　　　　　〕

(2) 弦を強くはじくと、(1)の大きさはどうなるか。
〔　　　　　　　　　〕

(3) (1)が大きくなるほど、音の大きさはどうなるか。
〔　　　　　　　　　〕

(4) 音源が1秒間に振動する回数を何というか。
〔　　　　　　　　　〕

(5) (4)の単位には何を使うか。記号と読み方を答えなさい。
記号〔　　　　　〕　　読み方〔　　　　　　　〕

2 図のようなモノコードを使って，Aの部分をはじいて音の大きさや高さを調べた。次の問いに答えなさい。

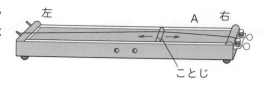

(1) ことじを右にずらしてはじくと，音はどうなるか。

[   ]

(2) (1)のとき，振動数はどうなるか。

[   ]

(3) ことじの位置はそのままで，強くはじいた。音はどうなるか。

[   ]

ことじを右にずらすと，Aの部分は短くなるね。弦の長さが関係するのは，音の高さと大きさのどちらだったかな。

(4) ことじの位置はそのままで，糸を変えずに音を高くするには，どうしたらよいか。

[   ]

(5) モノコードの音をオシロスコープを使って波形を調べた。アとイを比べたとき，どちらの音が大きいか。

[   ]

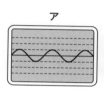

3 図1のように，空き箱と割りばしと輪ゴムでモノコードをつくり，割りばしの間の輪ゴムをはじいた。その音をコンピュータで調べたものが図2である。次の問いに答えなさい。

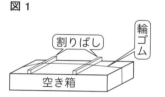

図1

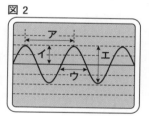

図2

(1) 割りばしを動かして間を広げた。このとき，音はどうなるか。

[   ]

(2) 図2のア〜エのうち，振幅を表しているものを選びなさい。

[   ]

チャレンジ .... 解答 ⇒ 別冊p.11

図1，2は，オシロスコープで表示した音の波形を表している。図2の音は図1の音に比べて，音の大きさと高さはどうなっているか。「振幅」，「振動数」ということばを使って簡単に説明しなさい。ただし，図1と図2の縦軸，横軸の目盛りはそれぞれ同じである。

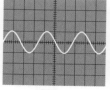

図1
時間 →

図2
時間 →

[   ]

22 物体にはたらく力

チェック

空欄をうめて，要点のまとめを完成させましょう。

【力のはたらきと種類】

① 力には，物体の形を [   ]，物体を持ち上げたり支えたりする，物体の [   ]（速さや向き）を変える，という3つのはたらきがある。

② ばねを伸ばしたときのように，変形した物体がもとにもどろうとするときに生じる力を [   ] という。

③ 物体を机の上に置くと，机が物体を支える。このように，面に接している物体に，面から垂直にはたらく力を [   ] という。

④ 物体が接している面の間で，物体の動きを妨げるようにはたらく力を [   ]（摩擦の力）という。

⑤ 地球がその中心に向かって物体を引く力を [   ] という。

⑥ 磁石の力を [   ] という。

⑦ 物体どうしをこすりあわせたときに電気がたまることではたらく力を [   ]（電気力）という。

【力の大きさとはかり方】

⑧ 力の大きさを表す単位には [   ]（ニュートン）を用いる。

⑨ 1 Nは，約 [   ] gの物体にはたらく重力の大きさに等しい。

⑩ ばねの伸びはばねを引く力の大きさに [   ] する。この関係を [   ] の法則という。

ポイント

いろいろな力

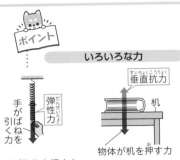

手が物体を押す力

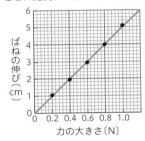

力の大きさとばねの伸び

ばねの伸びはばねを引く力の大きさに比例する（フックの法則）。

トライ

解答 ➡ 別冊p.11

1 力のはたらきについて，次の問いに答えなさい。

(1) 次の力がはたらいている場合を，それぞれ右のア〜ウから選びなさい。

① 物体を支える。 [   ]

② 物体の形を変える。 [   ]

③ 物体の動きを変える。 [   ]

(2) 力の大きさを表す単位には何を使うか。記号と読み方を答えなさい。

記号 [   ] 読み方 [   ]

ア　イ　ウ

チェックの解答 ①変える，動き ②弾性力 ③垂直抗力 ④摩擦力 ⑤重力 ⑥磁力 ⑦電気の力 ⑧N ⑨100 ⑩比例，フック

2 下の図は，いろいろな力がはたらいているようすを示している。それぞれではたらいている力をあとのア〜カから選びなさい。

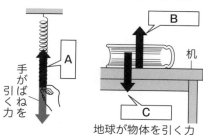
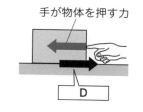
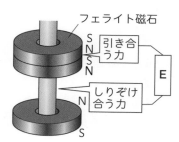

ア　重力　　　イ　弾性力　　　ウ　磁石の力
エ　垂直抗力　オ　電気の力　　カ　摩擦力

A〔　　　　〕　B〔　　　　〕　C〔　　　　〕　D〔　　　　〕　E〔　　　　〕

3 図1のように，ばねにいろいろな質量のおもりをつり下げ，ばねの伸びをはかったところ，図2のようなグラフになった。次の問いに答えなさい。

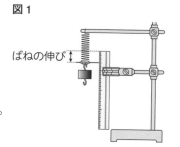
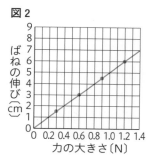

(1)　ばねにはたらく力の大きさとばねの伸びにはどのような関係があるか。

〔　　　　　　　　　　　　　〕

(2)　(1)の関係を何の法則というか。

〔　　　　　　　　　　　　　〕

(3)　このばねに1.5Nの力を加えると，ばねの伸びは何cmになるか求めなさい。

〔　　　　　　　　　〕

(4)　ばねの伸びが4.2cmのとき，加えた力の大きさは何Nか求めなさい。

〔　　　　　　　　　〕

力の大きさが0.6Nのときのばねの伸びは3cmだね。

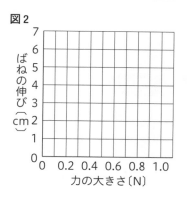

チャレンジ

解答 ➡ 別冊p.11

図1のように，ばねにおもりをつるし，ばねにはたらく力の大きさとばねの伸びの関係を調べた。下の表は，そのときの結果である。ばねにはたらく力の大きさとばねの伸びの関係を図2にかき入れなさい。

力の大きさ〔N〕	0	0.2	0.4	0.6	0.8	1.0
ばねの伸び〔cm〕	0	1.2	2.4	3.6	4.8	6.0

23 力の表し方と2力のつりあい

チェック

空欄をうめて，要点のまとめを完成させましょう。

【力の表し方】

① 力がはたらく点を［　　　　　］という。

② 力がはたらく点，力の大きさ，力の向きの要素を，力の［　　　　　］という。

③ 力を表す矢印で，矢印の始点は［　　　　　］を表す。

④ 重力を矢印で表すときは，作用点を物体の［　　　　　］にする。

⑤ 力を表す矢印で，矢印の長さは力の［　　　　　］を表す。

⑥ 力を表す矢印で，矢印の長さは，力の大きさに［　　　　　］している。

【重力と質量】

⑦ 重さ，つまり物体にはたらく［　　　　　］の大きさは，ばねばかりや台ばかりではかることができる。

⑧ 場所が変わっても変化しない，物質そのものの量を［　　　　　］という。

⑨ 質量の単位には［　　　］（グラム）やkg（キログラム）を使う。

【2力のつりあい】

⑩ 1つの物体に2つ以上の力がはたらいていて，その物体が動かないとき，物体にはたらく力は［　　　　　　　　］という。

⑪ つりあう2力の大きさは［　　　　　］。

⑫ つりあう2力の向きは［　　　　　］である。

⑬ つりあう2力は［　　　］直線上にある。

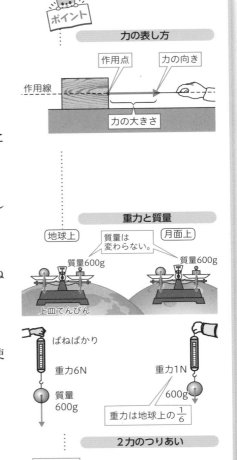

トライ

解答 ➡ 別冊p.12

1 右の図で，力の三要素であるア〜ウはそれぞれ何を表しているか。

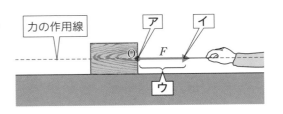

ア［　　　　］　イ［　　　　］　ウ［　　　　］

チェックの解答 ①作用点　②三要素　③作用点　④中心　⑤大きさ　⑥比例　⑦重力　⑧質量　⑨g　⑩つりあっている
⑪等しい（同じ）　⑫反対　⑬同一

2 右の図のように，2kgのおもりをスポンジの上に置いた。このときはたらくおもりがスポンジを押す力の大きさを2cmで表した。次の問いに答えなさい。ただし，地球上で100gの物体にはたらく重力の大きさを1Nとする。

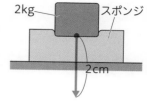

(1) 右下のア〜ウは，物体Aをある力で押したときの力の大きさを表したものである。それぞれ何Nの力か。

ア〔　　　〕　イ〔　　　〕　ウ〔　　　〕

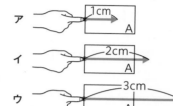

(2) 1200gの物体にはたらく重力の大きさは何Nか。

〔　　　　　　　　〕

(3) (2)の物体を月面上に持っていき，上皿てんびんではかると，何gになるか。

〔　　　　　　　　〕

(4) (2)の物体を月面上に持っていき，ばねばかりではかると，何Nになるか。ただし，月面上の重力の大きさは地球上の$\frac{1}{6}$とする。

3 1つの物体にはたらく2つの力について，次の問いに答えなさい。

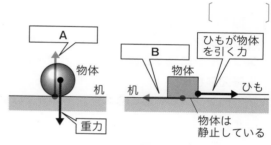

(1) 右の図のA，Bの力をそれぞれ何というか。

A〔　　　　　　　〕　B〔　　　　　　　〕

(2) 力Aと重力の大きさの関係はどのようになっているか。

〔　　　　　　　　〕

(3) 力Aと重力の向きはどうなっているか。

〔　　　　　　　　〕

(4) 重力の大きさが3Nのとき，力Aの大きさを求めなさい。

〔　　　　　　　　〕

力Aと重力，力Bとひもが物体を引く力は，それぞれつりあっているよ。

チャレンジ ・・・　解答 ➡ 別冊p.12

机の上に300gの物体を置いた。100gの物体にはたらく重力の大きさを1Nとし，物体にはたらく重力を右の図にかき入れなさい。ただし，1Nの大きさの力を1目盛りで表すものとする。

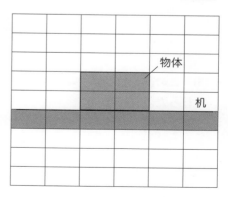

1 身のまわりの現象について，次の問いに答えなさい。

(1) 光の進み方について説明した次の文章のうち，誤っているものをア〜エから選びなさい。

ア　空気中からガラス中に光を斜めに当てると，光がガラスに入るときに光の道すじが折れ
曲がるが，光がガラス中から空気中へ出ていくときには道すじは変わらず，直進する。

イ　凸レンズの光軸に平行な光を当てると，屈折により光が集まり1点を通る。

ウ　鏡で光を反射させると，入射角と反射角の大きさは等しい。

エ　水中から空気中へ光が進むとき，入射角がある角度より大きくなると，屈折する光がな
くなるが，光が空気中から水中へ進むときは，この現象は起こらない。

[　　　　　]

(2) Aさんは，風のない日に花火大会の会場から離れた場所で花火を見た。花火が見えてから
音が聞こえるまで，2.5秒かかった。Aさんがいる場所は，花火の打ち上げ地点から何km離れ
ているか求めなさい。ただし，音の伝わる速さを340m/sとする。

[　　　　　]

2 図1のような装置を組み立て，「F」の文字を書いた物
体と凸レンズの中心までの距離 a を30cmにしたところ，
スクリーンに物体と同じ大きさの像が映った。次の問い
に答えなさい。

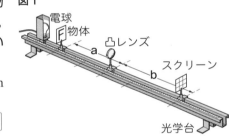

図1

(1) 凸レンズの中心からスクリーンまでの距離 b は何cm
か。

[　　　　　]

(2) この凸レンズの焦点距離は何cmか。

[　　　　　]

(3) スクリーンに映った像を図2に作図し
なさい。ただし，作図に使った線は消さ
ずに残すこと。

(4) スクリーンに映った像を，次のア〜エ
から選びなさい。

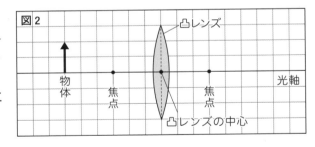

図2

ア　　イ　　ウ　　エ

F　ꓶ　ꓒ　Ⅎ

[　　　　　]

(5) この凸レンズよりふくらみの大きい凸レンズを使って，距離 a を30cmにして同様の実験を
行った。

① 距離 b は(1)に比べてどうなるか。次のア〜ウから選びなさい。

ア　長くなる。　　イ　短くなる。　　ウ　変わらない。

[　　　　　]

② スクリーンに映る像の大きさは，物体と比べてどうなるか。

[　　　　　]

3 図1のモノコードで，弦の長さ，弦の太さ，弦を張る強さの条件を次のA～Fのようにして弦をはじき，出る音の高さを調べた。あとの問いに答えなさい。

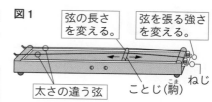

図1

弦の長さを変える。
弦を張る強さを変える。
太さの違う弦
ことじ(駒)
ねじ

	A	B	C	D	E	F
弦の長さ	10cm	10cm	10cm	10cm	20cm	20cm
弦の太さ	太い	細い	太い	細い	太い	太い
弦の張り方	強い	強い	弱い	弱い	強い	弱い

(1) 次の条件と音の高さの関係を調べるには，それぞれAとB～Fのどれを比べればよいか。

① 弦の長さと音の高さの関係 〔　　　　〕

② 弦の太さと音の高さの関係 〔　　　　〕

③ 弦の張り方と音の高さの関係 〔　　　　〕

(2) 最も高い音が出る条件を，A～Fから選びなさい。

〔　　　　〕

(3) 図2は，Aの条件で弦をはじいたときの音の波形を表示したものである。横軸の1目盛りを0.001秒とするとき，この音の振動数は何Hzか。

〔　　　　〕

図2

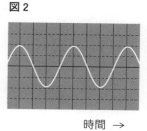

時間 →

4 ばねA，Bにいろいろな質量のおもりをつるし，ばねの伸びをはかった。図1はその結果をグラフに表している。次の問いに答えなさい。ただし，100gの物体にはたらく重力の大きさを1Nとする。

図1

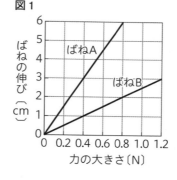

ばねの伸び〔cm〕
ばねA
ばねB
力の大きさ〔N〕

図2

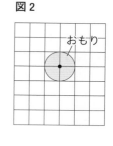

おもり

(1) 図2で，物体の中心の点「・」は，物体に力がはたらく点を表している。この点を何というか。

〔　　　　〕

(2) 30gのおもりにはたらく重力を図2に力の矢印で表しなさい。ただし，1目盛りは0.1Nの大きさの力を表すものとする。

(3) ばねAに1.2Nの力を加えたとき，ばねAの伸びは何cmになるか。

〔　　　　〕

(4) ばねBの伸びが5cmのとき，ばねBに加えた力の大きさは何Nか。

〔　　　　〕

(5) 同じ大きさの力を加えたとき，ばねAの伸びはばねBの伸びの何倍になるか。

〔　　　　〕

(6) ばねBを月面上に持っていき，120gのおもりをつるすと，ばねの伸びは何cmになるか。ただし，月面上ではたらく重力の大きさは，地球上ではたらく重力の大きさの$\frac{1}{6}$とする。

〔　　　　〕

24 火山の活動

✎ チェック

^{くうらん}
空欄をうめて，要点のまとめを完成させましょう。

【マグマと火山噴出物】

① 地球内部の熱によって地下の岩石がどろどろにとけたもの
を［　　　　］という。

② マグマが地表に流れ出たものや，マグマが地表で冷え固ま
ったものを［　　　　］という。

③ マグマから出てきた気体を［　　　　　　］という。

④ 火山噴出物のうち，直径2mm以下の粒を［　　　　　　］
という。

【マグマのねばりけと火山の特徴】

⑤ 黒っぽい色の火山噴出物は，ねばりけが［　　　　］マグマ
からできたものである。

⑥ ねばりけが［　　　　］マグマからできた火山は，傾斜がゆ
るやかである。

⑦ ねばりけが［　　　　］マグマからできた火山は，おわんを
ふせたような形になる。

⑧ ねばりけが中間程度のマグマからできた火山は，
［　　　　］の形になる。

⑨ ^{おだ}穏やかに溶岩を流し出すことが多いのは，マグマのねばり
けが［　　　　］火山である。

⑩ ^{ばくはつてき}激しく爆発的な噴火になることが多いのは，マグマのねば
りけが［　　　　］火山である。

ポイント

火山の噴火と火山噴出物

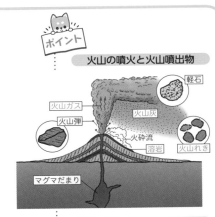

軽石
火山ガス
火山灰
火山弾
火砕流
溶岩
火山れき
マグマだまり

マグマのねばりけと火山の特徴

・マグマのねばりけが弱い（小さい）火山
傾斜がゆるやかな形

噴火は穏やか。
火山噴出物の色は黒っぽい。

・マグマのねばりけが中間程度の火山
円すいの形

・マグマのねばりけが強い（大きい）火山
おわんをふせたような形
（溶岩ドーム）

噴火は激しい。
火山噴出物の色は白っぽい。

✎ トライ

解答 ➡ 別冊p.13

1 図は，火山の断面のようすと火山噴出物を模式的に示し
ている。次の問いに答えなさい。

(1) Xは，地下の岩石がとけたものである。Xを何という
か。
　　　　　　　　　［　　　　　　　　］

(2) Aは直径2mm以下の粒である。Aを何というか。
　　　　　　　　　［　　　　　　　　］

(3) Bは，Xが地表に流れ出たものや，Xが地表で冷え固
まったものである。Bを何というか。

　　　　　　　　　［　　　　　　　　］

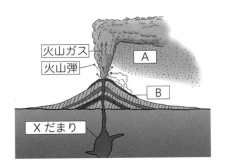

火山ガス
火山弾
A
B
Xだまり

<u>チェックの解答</u> ①マグマ ②溶岩 ③火山ガス ④火山灰 ⑤弱い（小さい） ⑥弱い（小さい） ⑦強い（大きい） ⑧円すい
⑨弱い（小さい） ⑩強い（大きい）

2 次の表は，マグマのねばりけと火山の特徴をまとめたものである。あとの問いに答えなさい。

マグマのねばりけ	弱い(小さい)　←		→ 強い(大きい)
火山の形	A	B	C
噴火のようす	D　←		→ E
火山噴出物の色	F　←		→ G
火山の例	P	Q	R

(1) A，B，Cに当てはまる形を，次のア～ウからそれぞれ選びなさい。

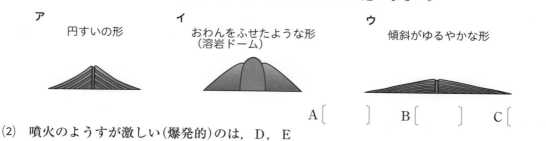

ア　円すいの形

イ　おわんをふせたような形（溶岩ドーム）

ウ　傾斜がゆるやかな形

A〔　　〕　B〔　　〕　C〔　　〕

(2) 噴火のようすが激しい(爆発的)のは，D，Eのどちらか。

〔　　　　〕

(3) 火山噴出物の色が黒っぽいのは，F，Gのどちらか。

〔　　　　〕

> マグマのねばりけが弱いと，溶岩はうすく広がって流れるよ。反対に，マグマのねばりけが強いと，溶岩が広がりにくいね。

(4) P，Q，Rに当てはまる火山の例を，次のア～ウからそれぞれ選びなさい。

ア　雲仙普賢岳　　イ　マウナロア　　ウ　桜島

P〔　　〕　Q〔　　〕　R〔　　〕

3 図は，A，B 2つのタイプの火山の形を模式的に示している。次の問いに答えなさい。

A　　　　　　　　B

(1) 火山AとBでは，どちらが黒っぽい色をしているか。

〔　　　　〕

(2) 火山AとBでは，色だけでなく，マグマのねばりけや噴火のようすなども違っている。それぞれの特徴として，最も適当なものを，右のア～エから選びなさい。

A〔　　〕　　B〔　　〕

	マグマのねばりけ	噴火のようす
ア	弱い(小さい)	激しい
イ	強い(大きい)	穏やか
ウ	強い(大きい)	激しい
エ	弱い(小さい)	穏やか

 チャレンジ ···  解答 ➡ 別冊p.13

図は，ある火山の形を模式的に示している。この火山のマグマのねばりけと火山噴出物の色について簡単に説明しなさい。

〔　　　　　　　　　　　　　　　　　　　　　　　　　　　　　　　　〕

25 鉱物と火成岩

チェック

空欄をうめて，要点のまとめを完成させましょう。

【鉱物】

① 火山灰に含まれる粒のうち，結晶になったものを〔　　　　　〕という。

② チョウ石やセキエイのように，無色や白色の鉱物を〔　　　　　　〕（白色鉱物）という。

③ クロウンモやカクセン石などのように，色のついている鉱物を〔　　　　　〕という。

【火成岩】

④ マグマが冷え固まってできた岩石を〔　　　　　　〕という。

⑤ マグマが地表付近や地表で急に冷え固まってできた岩石を〔　　　　　〕という。

⑥ 火山岩のつくりを〔　　　　〕組織という。

⑦ 火山岩のつくりで，目に見えないほどの細かい粒などでできた部分を〔　　　　〕という。

⑧ 火山岩のつくりで，比較的大きな鉱物の結晶を〔　　　　〕という。

⑨ マグマが地下の深いところでゆっくり冷え固まってできた岩石を〔　　　　〕という。

⑩ 深成岩のつくりを〔　　　　〕組織という。

⑪ 火山岩には，流紋岩，安山岩，〔　　　　　〕がある。

⑫ 火山岩のうち，最も色が白っぽいのは〔　　　　　〕である。

⑬ 深成岩には，花こう岩，斑れい岩，〔　　　　　〕がある。

⑭ 深成岩のうち，最も色が黒っぽいのは〔　　　　　〕である。

【火山の恵みと災害】

⑮ マグマの熱は〔　　　　　〕発電に利用されている。

⑯ 高温の溶岩の破片，火山灰，火山ガスが一体となって，山の斜面を高速で流れ下る現象を〔　　　　　〕という。

⑰ 災害が起こるおそれのある危険な範囲や避難場所などを地図上にまとめたものを〔　　　　　　〕（災害予測図）という。

ポイント

おもな鉱物の特徴

鉱物		特徴
無色鉱物	チョウ石	白色かうす桃色で，決まった方向に割れる。
	セキエイ	無色か白色で，不規則に割れる。
有色鉱物	クロウンモ	黒色で，決まった方向にうすくはがれる。
	カクセン石	濃い緑色〜黒色で，長い柱状・針状。
	キ石	緑色〜褐色で，短い柱状・短冊状。
	カンラン石	黄緑色〜褐色で，不規則な形の粒。
	磁鉄鉱	黒色で，不透明。表面が輝き，磁石につく。

火成岩のつくり

火山岩：マグマが地表や地表付近で急に冷え固まってできる。

（安山岩）　斑状組織

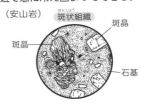

深成岩：マグマが地下深くでゆっくり冷え固まってできる。

（花こう岩）　等粒状組織

火成岩

火山岩	流紋岩	安山岩	玄武岩
深成岩	花こう岩	閃緑岩	斑れい岩
色	白っぽい←		→黒っぽい

チェックの解答 ①鉱物 ②無色鉱物 ③有色鉱物 ④火成岩 ⑤火山岩 ⑥斑状 ⑦石基 ⑧斑晶 ⑨深成岩 ⑩等粒状
⑪玄武岩 ⑫流紋岩 ⑬閃緑岩 ⑭斑れい岩 ⑮地熱 ⑯火砕流 ⑰ハザードマップ

トライ

解答 ➡ 別冊p.13

1 火成岩のでき方を確認するために，濃(こ)いミョウバンの水(すい)溶液(ようえき)を２つつくり，図１のように，１つは氷水に，もう１つは湯につけて冷やした。次の問いに答えなさい。

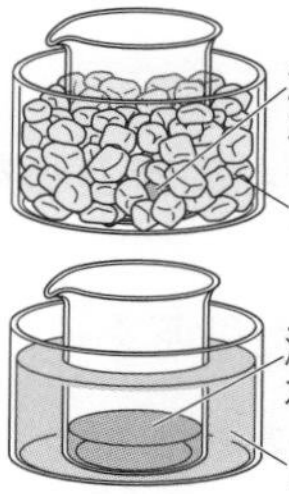

図１

(1) 大きい結晶ができたのは，図１のＡ，Ｂのどちらか。

〔　　　〕

(2) 深成岩のモデルは，図１のＡ，Ｂのどちらか。

〔　　　〕

(3) 図２は，花こう岩をルーペで観察したときのスケッチである。このとき見られる黒色の鉱物は，決まった方向にうすくはがれる特徴がある。この鉱物は何か。

図２

〔　　　　　〕

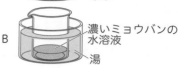

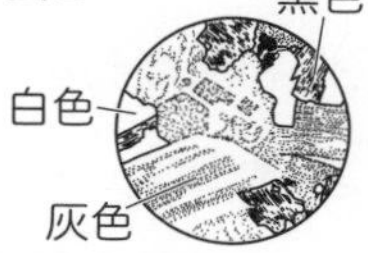

(4) 花こう岩は火山岩，深成岩のどちらか。

〔　　　　　〕

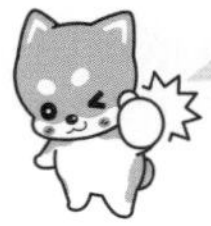

花こう岩は，大きな鉱物が組み合わさったつくりをしているね。

2 図は，ある火成岩に含(ふく)まれる鉱物の種類とその割合を示している。次の問いに答えなさい。

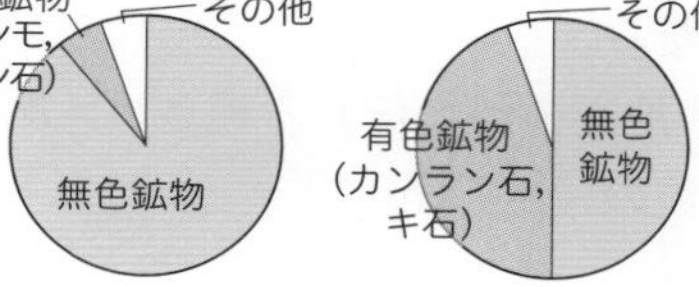

(1) 無色鉱物を２つ書きなさい。

〔　　　　　〕〔　　　　　〕

(2) Ａのような鉱物を含んだ火山岩と深成岩をそれぞれ答えなさい。

火山岩〔　　　　　〕　深成岩〔　　　　　〕

(3) Ｂのような鉱物を含んだ火山岩と深成岩をそれぞれ答えなさい。

火山岩〔　　　　　〕　深成岩〔　　　　　〕

チャレンジ

解答 ➡ 別冊p.13

図は，花こう岩のスケッチである。図の火成岩が花こう岩であると判断できる理由を，つくりと色に着目して簡単に説明しなさい。

〔　　　　　　　　　　　　　　　　　　　　〕

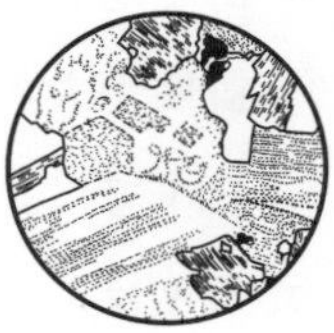

26 地震のゆれとその伝わり方

チェック

空欄をうめて，要点のまとめを完成させましょう。

【地震のゆれ】

① 地震が発生した場所を[　　　　]という。

② 震源の真上にある地表の地点を[　　　　]という。

③ 地震で，初めの小さなゆれを[　　　　　]という。

④ 初期微動を伝えるのは，速さが速い[　　　　]である。

⑤ 地震で，後からくる大きなゆれを[　　　　]という。

⑥ 主要動を伝えるのは，速さが遅い[　　　　]である。

⑦ ある地点での，P波とS波が届いた時刻の差を
[　　　　　　　　]という。

【地震のゆれの伝わり方】

⑧ 震源で発生した地震の波は，[　　　　　]状に伝わる。

⑨ 震央から遠い地点ほど，ゆれ始めるまでの時間が[　　　]
なる。

⑩ 地震の波の伝わる速さは，次の式で求められる。

波の速さ〔km/s〕=

$$\frac{震源からの[\qquad]〔km〕}{地震発生からゆれ始めるまでの時間〔s〕}$$

⑪ 震源からの距離が大きいほど，初期微動継続時間が[　　　]なる。

⑫ 初期微動継続時間は震源からの距離に[　　　　]する。

⑬ P波とS波の速さの違いを利用して，主要動がくることを事前に
知らせる予報・警報を[　　　　　　]という。

【震度とマグニチュード】

⑭ ある地点での地震のゆれの大きさを表す尺度を[　　　　]という。

⑮ 震度が大きいほど，ゆれが[　　　　]。

⑯ 日本では，震度階級は0〜7までの[　　]階級に分けられている。

⑰ 震度はふつう，震央に近いほど[　　　　]。

⑱ 地震の規模（エネルギーの大きさ）を表す値を
[　　　　　　　]という。

ポイント

震源と震央

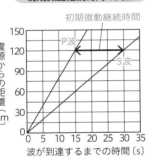

震源の深さ

初期微動と主要動

地震計の記録

P波によるゆれ　　S波によるゆれ

初期微動　　　　主要動

初期微動継続時間

**震源からの距離と
初期微動継続時間の関係**

初期微動継続時間

P波　　　　S波

波が到達するまでの時間〔s〕

・P波とS波は震源で同時に発生。

・震源からの距離が遠いほど，初期微動継続時間が長い。

チェックの解答 ①震源 ②震央 ③初期微動 ④P波 ⑤主要動 ⑥S波 ⑦初期微動継続時間 ⑧同心円 ⑨長く ⑩距離
⑪長く ⑫比例 ⑬緊急地震速報 ⑭震度 ⑮大きい ⑯10 ⑰大きい ⑱マグニチュード

トライ

1 右の図は，ある地震が起こったときの，各地点で，初めの小さなゆれが始まった時刻を記入したものである。次の問いに答えなさい。ただし，00は，5時47分00秒を表している。

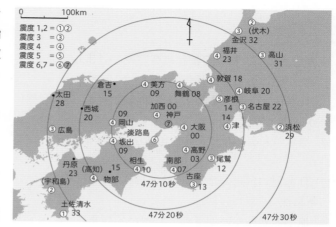

震度 1,2 = ①②
震度 3 = ③
震度 4 = ④
震度 5 = ⑤
震度 6,7 = ⑥⑦

(1) 震源の真上の地表の地点を何というか。

　　　〔　　　　　　〕

(2) 右の図に，(1)の位置を×でかきなさい。

(3) (1)からの距離が大きいほど，震度はどうなっていくか。

　　〔　　　　　　　　　〕

2 右の図は，ある地震の，P波とS波が到達するまでの時間と震源からの距離の関係を表している。次の問いに答えなさい。

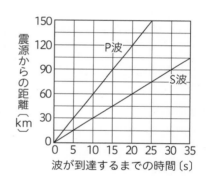
震源からの距離〔km〕
P波
S波
波が到達するまでの時間〔s〕

(1) P波，S波によるゆれをそれぞれ何というか。
　　P波〔　　　　　　　　　〕　S波〔　　　　　　〕

(2) P波，S波の速さはそれぞれ何km/sか。
　　P波〔　　　　　　　〕　S波〔　　　　　　〕

(3) 震源からの距離が90kmの地点での初期微動継続時間は何秒か。

　　　　　　〔　　　　　　〕

(4) 震源からの距離が240kmの地点での初期微動継続時間は何秒か。

　　　　　〔　　　　　　〕

初期微動継続時間は震源からの距離に比例しているよ。比例計算を使って初期微動継続時間を求めよう。

チャレンジ

震度とマグニチュードについて簡単に説明しなさい。

・震度　　　　〔　　　　　　　　　　　　　　　　　　　　　　　　〕

・マグニチュード〔　　　　　　　　　　　　　　　　　　　　　　　〕

27 地震が起こるしくみと地形の変化

チェック

空欄をうめて，要点のまとめを完成させましょう。

【地震が起こるしくみ】

① 日本付近で起こる地震の震源の深さは，日本海側（大陸側）に向かうにつれて［　　　　］なっている。

② 地球の表面をおおう厚さ100kmほどの岩盤を［　　　　　］という。

③ 日本列島付近では，［　　　　　］プレートが［　　　　　］プレートの下に沈みこんでいる。

④ 地下の岩盤が破壊されてできたずれを［　　　　　］という。

⑤ 断層のうち，過去にくり返し活動した証拠があり，今後も活動して地震を起こす可能性のあるものを［　　　　　］という。

⑥ 大陸プレートと海洋プレートの境界で起こる地震を［　　　　　］地震という。

⑦ 日本列島の真下の大陸プレート内で起こる地震を［　　　　　］地震（直下型地震）という。

⑧ 内陸型地震の震源の深さは比較的［　　　　　］。

【地形の変化】

⑨ 内陸型の地震は，マグニチュードの値が小さくても，震度が［　　　　　］なる場合が多い。

⑩ 大規模な地震によって，大地がもち上がることを［　　　　　］という。

⑪ 大規模な地震によって，大地が沈むことを［　　　　　］という。

⑫ 海岸ぞいにできる，平らな土地と急ながけが階段状に並んだ地形を［　　　　　］という。

⑬ 入り組んだ湾が続く海岸地形を［　　　　　］という。

【地震による災害】

⑭ 地震によって海底が急激に動いたときに生じる大規模な波を［　　　　　］という。

⑮ 地震のゆれで土地が軟弱になり，地面から土砂や水がふき出すことを［　　　　　］という。

ポイント

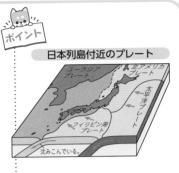
日本列島付近のプレート

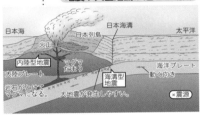
地震や火山活動が起こる場所

海溝型地震

①海洋プレートが大陸プレートの下に沈みこむ。

②大陸プレートが引きずりこまれ，ひずみがたまる。

津波

③大陸プレートのひずみが限界になるとはね上がり，地震が起こる。

チェックの解答 ①深く ②プレート ③海洋，大陸 ④断層 ⑤活断層 ⑥海溝型 ⑦内陸型 ⑧浅い ⑨大きく ⑩隆起 ⑪沈降 ⑫海岸段丘 ⑬リアス海岸 ⑭津波 ⑮液状化

1 図は，日本列島付近のプレートと震源の分布を示している。次の問いに答えなさい。

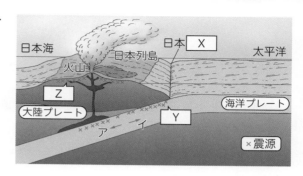

(1) 海底にある溝状（みぞじょう）の地形Xを何というか。

[   ]

(2) 海洋プレートは，ア，イのどちらの向きに動いているか。

[   ]

(3) Y，Zの付近で起こる地震を，それぞれ何というか。

Y [   ] Z [   ]

(4) 大きな津波（つなみ）が起こることがあるのは，Y，Zのどちらの付近で起こる地震か。

[   ]

(5) プレートがひずみ，破壊されて断層ができたり，すでにある活断層が再びずれたりして起こるのは，Y，Zのどちらの付近で起こる地震か。

[   ]

2 図1，図2は，地形の変化を示している。次の問いに答えなさい。

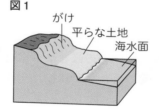

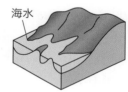

(1) 図1，図2の地形をそれぞれ何というか。

図1 [   ]

図2 [   ]

(2) 大地がもち上がることを何というか。

[   ]

(3) 大地が沈むことを何というか。

[   ]

(4) 図1，図2の地形は，それぞれ(2)，(3)のどちらによってできたものか。

図1 [   ] 図2 [   ]

図1も図2も，海岸付近で見られる地形だよ。

日本付近で起こる地震の震源の深さについて，「海溝付近」，「日本海側」ということばを使って簡単に説明しなさい。

[   ]

28 地層のでき方

✓ チェック

空欄をうめて，要点のまとめを完成させましょう。

【流水のはたらきと地形】

① 気温の変化や風雨のはたらきなどによって，地表で岩石が土砂に変わっていくことを〔　　　　〕という。

② 流水が岩石を削り取ることを〔　　　　〕という。

③ 流水によって土砂が運ばれることを〔　　　　〕という。

④ 流水によって運ばれた土砂が積もることを〔　　　　〕という。

⑤ 川の上流の流れが速いところで，川底や川岸が侵食されてできたV字形の深い谷を〔　　　　〕という。

⑥ 山地から平野に出たところで，川の流れが急にゆるやかになり，土砂が堆積してできる扇形の平らな土地を〔　　　　〕という。

⑦ 河口付近で，流れが非常にゆるやかになり，土砂が堆積してできる三角形の土地を〔　　　　〕という。

ポイント

川の水のはたらきと地形

粒の大きさとよび方

粒のよび方	粒の大きさ（直径）
れき	2mm以上
砂	$\frac{1}{16}$ ～ 2mm
泥	$\frac{1}{16}$ mm以下

【地層のでき方】

⑧ ふつう，地層は〔　　〕の層ほど古い。

⑨ 土砂は，粒の〔　　　　〕ものほどはやく沈む。

⑩ れき，砂，泥のうち，粒の大きさが最も大きいのは〔　　　　〕である。

⑪ 河口や岸の近くでは粒の大きい〔　　　　〕や砂が堆積する。

⑫ 岸から離れた沖合いでは粒の小さい〔　　　　〕が堆積する。

地層のでき方

粒の大きいものから順に堆積する。

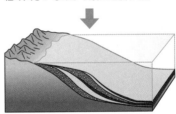

さらに新しい層が積み重なる。

【地層の広がり】

⑬ 道路の切り通しやがけなどで，地層が地表に現れているところを〔　　　　〕という。

⑭ 地層の重なり方を柱状に表した右のような図を〔　　　　〕という。

⑮ 火山灰の層などのように，離れた地層を比較するときの手がかりになる層を〔　　　　〕という。

柱状図

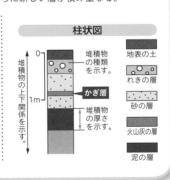

チェックの解答 ①風化 ②侵食 ③運搬 ④堆積 ⑤V字谷 ⑥扇状地 ⑦三角州 ⑧下 ⑨大きい ⑩れき ⑪れき ⑫泥 ⑬露頭 ⑭柱状図 ⑮かぎ層

トライ

1 図は，川が上流から下流へ流れていくようすを模式的に示している。次の問いに答えなさい。

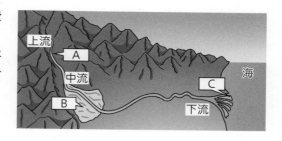

(1) Aは上流に見られる深い谷，Bは山地から平野に出たところに見られる平らな土地，Cは河口付近に見られる三角形の土地を示している。A～Cをそれぞれ何というか。

A〔　　　　　　　〕　　B〔　　　　　　　〕

C〔　　　　　　　〕

(2) A～Cは，それぞれ，侵食と堆積のどちらのはたらきによってできたものか。

A〔　　　　　　　〕　　B〔　　　　　　　〕　　C〔　　　　　　　〕

2 図1は，ある地域の地形図であり，地点A，B，Cの各地点での地層の重なり方を調べた結果の柱状図が図2である。この地域では，地層の上下の逆転はなく，凝灰岩の層は1つしかない。次の問いに答えなさい。

(1) 凝灰岩の層は，離れた地点の地層の広がりを知る手がかりになる。このような地層を何というか。〔　　　　　　　〕

(2) 図2のa～cの地層のうち，最も古い層を選びなさい。〔　　　〕

(3) この地域の地層は，平行に重なっているが，同じ角度で傾いている。どの方角に低くなっているか。東・西・南・北で答えなさい。〔　　　〕

(4) 地点Pで真下にボーリングすると，地表から10mのところに現れる層をつくる岩石は何か。〔　　　〕

チャレンジ

図1は，ある地域の地形図であり，地点A，B，Cの各地点での地層の重なり方を調べた結果の柱状図が図2である。この地域では，地層の上下の逆転はなく，凝灰岩の層は1つしかない。

図1の地点Dの凝灰岩の層を図3にかき入れなさい。ただし，地点Dは地点Aの真南，地点Cの真西にあり，標高は125mである。

地点Dの各層の標高は，地点A，B，Cのどれと同じになるかな。
この地域の地層がどの方角に向かって低くなっているかを考えよう。

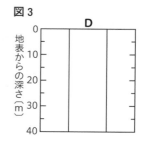

65

29 地層からわかる過去のようす

チャート式シリーズ参考書 >>
第15章 2

チェック

空欄をうめて、要点のまとめを完成させましょう。

【堆積岩】

① 堆積物が押し固められてできた岩石を〔　　　　　〕という。

② れき岩、砂岩、泥岩のうち、粒の直径が最も大きいのは〔　　　　　〕である。

③ れき岩、砂岩、泥岩の粒は〔　　　　〕を帯びた形のものが多い。

④ 火山灰などが堆積して固まった岩石を〔　　　　　〕という。

⑤ 生物の遺骸などからできた堆積岩には、石灰岩や〔　　　　　〕がある。

⑥ 石灰岩にうすい塩酸をかけると、とけて気体の〔　　　　　〕を発生する。

【化石】

⑦ 地層が堆積した当時の環境を推定する手がかりになる化石を〔　　　　　〕という。

⑧ サンゴの化石が堆積した当時の環境は、あたたかくて〔　　　〕海である。

⑨ 地層が堆積した年代を推定する手がかりになる化石を〔　　　　　〕という。

⑩ 地層が堆積した年代を〔　　　　　〕という。

⑪ 古生代・中生代・新生代のうち、最も古いのは〔　　　　　〕である。

⑫ サンヨウチュウやフズリナは、〔　　　　〕の示準化石である。

⑬ アンモナイトは、〔　　　　〕の示準化石である。

⑭ ビカリアやナウマンゾウは、〔　　　　〕の示準化石である。

【大地の変動】

⑮ 地層に大きな力がはたらき、地層が切れてずれることによってできたくい違いを〔　　　〕という。

⑯ 地層が波打つように曲がったものを〔　　　　　〕という。

堆積岩の種類

堆積岩	おもな堆積物	
れき岩	れき（粒の直径：2mm以上）	
砂岩	砂（粒の直径：$\frac{1}{16}$〜2mm）	
泥岩	泥（粒の直径：$\frac{1}{16}$mm以下）	
凝灰岩	火山灰など	
石灰岩	生物の遺骸など	炭酸カルシウム
チャート		二酸化ケイ素

示相化石と示準化石

・示相化石
例：サンゴ…あたたかくて浅い海
　　ブナ…やや寒冷な陸地
　　アサリ…浅い海

・示準化石
　古生代：サンヨウチュウ、フズリナなど
　中生代：アンモナイト、イチョウのなかまなど
　新生代：ビカリア、ナウマンゾウなど

断層としゅう曲

・断層

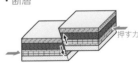

・しゅう曲

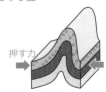

チェックの解答 ①堆積岩 ②れき岩 ③丸み ④凝灰岩 ⑤チャート ⑥二酸化炭素 ⑦示相化石 ⑧浅い ⑨示準化石 ⑩地質年代 ⑪古生代 ⑫古生代 ⑬中生代 ⑭新生代 ⑮断層 ⑯しゅう曲

🗨 トライ

1 堆積岩について，次の問いに答えなさい。

(1) れき岩・砂岩・泥岩のうち，粒の直径が最も小さいのはどれか。

〔　　　　　〕

(2) 火山灰などが堆積してできた岩石を何というか。

〔　　　　　〕

(3) 石灰岩とチャートのうち，うすい塩酸をかけると
気体が発生するのはどちらか。

〔　　　　　〕

石灰岩もチャートも，生物の遺骸
などが堆積してできたよ。くぎな
どでこすると傷がつくのは石灰岩
だね。

(4) (3)で発生する気体は何か。

〔　　　　　〕

2 化石について，次の問いに答えなさい。

(1) ある地層から，アンモナイトの化石が見つかった。この地層が堆積した地質年代を次のア
〜ウから選びなさい。
ア　古生代　　イ　中生代　　ウ　新生代

〔　　　　　〕

(2) 古生代に堆積したと考えられる示準化石を次のア〜エから選びなさい。
ア　ビカリア　　イ　ティラノサウルス　　ウ　フズリナ　　エ　ナウマンゾウ

〔　　　　　〕

(3) 地層が堆積した当時の環境を推定する手がかりになる化石を何というか。

〔　　　　　〕

3 図1，図2は，力が加わって変形し
た地層の模式図である。次の問いに答
えなさい。

(1) 図1のように，押し縮めるような
大きな力がはたらいて，地層が波打
つように曲がったものを何というか。

〔　　　　　〕

図1
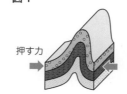
押す力

図2
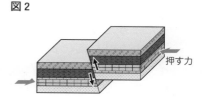
押す力

(2) 図2のように，地層に大きな力がはたらいて，切れてずれることによってできたくい違い
を何というか。

〔　　　　　〕

✏ チャレンジ

示相化石，示準化石とはどのようなことを推定する手がかりになる化石か，それぞれ書きな
さい。

・示相化石　〔

・示準化石　〔

確認問題④

解答 → 別冊p.15

1 図は，ある火成岩のスケッチであり，この火成岩は白っぽい色をしていた。次の問いに答えなさい。

(1) 図のように，同じくらいの大きさの鉱物が組み合わさったつくりを何というか。

［　　　　　　　　　］

(2) この火成岩の名称を次のア～エから選びなさい。

ア　安山岩　　イ　流紋岩　　ウ　閃緑岩　　エ　花こう岩

［　　　　　　］

(3) この火成岩は，マグマがどこでどのように冷え固まってできたか。

場所［　　　　　　　　　］　冷え方［　　　　　　　　　　　　］

(4) Xは，黒色で決まった方向にうすくはがれる鉱物である。この鉱物の名称を次のア～エから選びなさい。

ア　セキエイ　　イ　クロウンモ　　ウ　カクセン石　　エ　チョウ石

［　　　　　　］

2 図は，地点A，Bの柱状図を示している。ただし，この地域の地層は水平に重なり，地層の傾きやずれ，逆転はないものとする。次の問いに答えなさい。

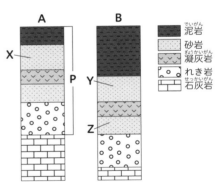

(1) 最も古い地層を，X～Zから選びなさい。

［　　　　　　　　　］

(2) 地点AのPの層が堆積したとき，海の深さはどうなったと考えられるか。次のア～エから選びなさい。

ア　だんだん深くなった。

イ　だんだん浅くなった。

ウ　深くなったあと，再び浅くなった。　　エ　深さは変わらなかった。

［　　　　　　］

(3) 凝灰岩の層が堆積した当時，どのようなことが起こったと考えられるか。

［　　　　　　　　　　　　　　　］

(4) 砂岩の層からはアンモナイトの化石が見つかった。この層が堆積した地質年代を次のア～ウから選びなさい。

ア　古生代　　イ　中生代　　ウ　新生代

［　　　　　　］

(5) アンモナイトの化石のように，地層が堆積した地質年代を推定する手がかりになる化石を何というか。

［　　　　　　　　　］

(6) 石灰岩について，正しいものを次のア～エから選びなさい。

ア　マグマが冷え固まってできた火成岩である。

イ　土砂が堆積してできた堆積岩である。

ウ　うすい塩酸をかけると気体が発生する。

エ　くぎでこすっても傷がつかない。

［　　　　　　］

3 下の表は，地点A～Cの震源からの距離と初期微動や主要動が始まった時刻を表している。あとの問いに答えなさい。

観測地点	震源からの距離	初期微動が始まった時刻	主要動が始まった時刻
A	30km	10時20分10秒	10時20分16秒
B	60km	10時20分14秒	10時20分26秒
C	90km	10時20分18秒	10時20分36秒

(1) この地震のP波の速さは何km/sか。

[　　　　　　]

(2) この地震が発生した時刻は何時何分何秒か。

[　　　　　　]

(3) 震源からの距離が75kmの地点の初期微動継続時間は何秒か。

[　　　　　　]

(4) 震度が最も大きかったのは，A～Cのどの地点だと考えられるか。

[　　　　　　]

(5) 図は，緊急地震速報のしくみを表している。この地震で，震源からの距離が15kmの地点でP波をとらえた4秒後に，気象庁から緊急地震速報が発表されたとするとき，次の問いに答えなさい。ただし，緊急地震速報が発表されると同時に，各地で受信するものとする。

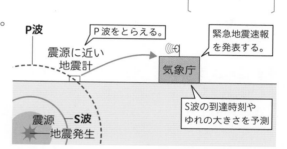

① 震源からの距離が15kmの地点でP波をとらえた時刻は何時何分何秒か。

[　　　　　　]

② 震源からの距離が120kmの地点にS波が届くのは何時何分何秒か。

[　　　　　　]

③ 震源からの距離が120kmの地点で，緊急地震速報を受信してから主要動が始まるまでの時間は何秒か。

[　　　　　　]

(6) 地震が発生する原因となる，地球の表面をおおっている厚さ100kmほどの岩盤を何というか。

[　　　　　　]

4 次の文は，地震について述べたものである。正しいものをア～エから選びなさい。
ア 震源からの距離が大きくなるほど，マグニチュードが小さくなる。
イ P波とS波は震源で同時に発生する。
ウ 日本付近では，海溝付近より日本海側のほうが震源が浅い。
エ 内陸型地震が発生すると，津波が起こることがある。

[　　　　　　]

❶ イヌワラビとスギゴケについて, 次の問いに答えなさい。(4点×2-8点)

(1) イヌワラビは胞子でふえる。胞子がつくられる部分を答えなさい。

［　　　　　　　　　　　］

(2) スギゴケも胞子でふえるが, イヌワラビとは異なる特徴がある。スギゴケの特徴を, 次のア～エから選びなさい。

ア　胞子は雄株でつくられる。　　イ　胞子は雌株でつくられる。

ウ　日当たりがよく, 乾燥したところを好んで生える。　　エ　仮根という根をもつ。

［　　　　　］

❷ 無セキツイ動物のイカについて, 次の問いに答えなさい。(4点×3-12点)

(1) イカの内臓をおおう膜を何というか。　　　　［　　　　　　　］

(2) イカと同じように, (1)のような膜をもつ動物を, 次のア～エから選びなさい。

ア　アサリ　　イ　セミ　　ウ　カニ　　エ　ミミズ　　［　　　　］

(3) セキツイ動物と無セキツイ動物は, 何というつくりの有無によって区別されるか。

［　　　　　　　］

❸ 図のようにして, 発生した気体を集めた。次の問いに答えなさい。

(4点×4-16点)

うすい塩酸

石灰石

(1) 図のようにして気体を集める方法を何というか。　［　　　　　　　］

(2) (1)の方法で集めるのに適した気体の性質を, 次のア～エから選びなさい。

ア　水に溶けやすい。　　イ　水に溶けにくい。　　ウ　空気より軽い。　　エ　空気より重い。

［　　　　］

(3) この実験装置で発生する気体は何か。

［　　　　　　　］

(4) (3)で答えた気体だと調べるために適したものを, 次のア～エから選びなさい。

ア　火のついた線香　　　　　イ　火のついたマッチ

ウ　フェノールフタレイン溶液　　エ　石灰水　　　［　　　　］

❹ 図は, 100gの水に溶ける硝酸カリウムの質量と温度の関係を表している。次の問いに答えなさい。(5点×2-10点)

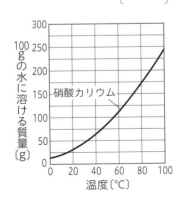

(1) 80℃の水100gに, 100gの硝酸カリウムがすべて溶けた。この水溶液には硝酸カリウムをあと約何g溶かせるか。

［　　　　　　　］

(2) 80℃の水100gに100gの硝酸カリウムを溶かし, 温度を40℃に下げると, 結晶は約何g取り出せるか。次のア～エから選びなさい。

ア　約26g　　イ　約36g　　ウ　約46g　　エ　約56g

［　　　　］

❺ Aさんは B 地点で花火大会を見ていた。花火の光が見えてから3.6秒後に音が聞こえた。次の問いに答えなさい。ただし，空気中を音が伝わる速さを340m/sとする。(5点×3-15点)

(1) AさんがいたB地点は，花火の打ち上げ地点から何m離れているか。

[   ]

(2) Aさんは，B地点からC地点に移動した。C地点では花火の光が見えてから2.5秒後に音が聞こえた。花火の打ち上げ地点とAさんの距離は何m短くなったか。

[   ]

(3) 同じ日に家で花火を見ていたDさんは，花火の音がするたびに，家の窓が振動していることに気づいた。窓が振動する理由を，「音」，「空気」，「波」ということばを使って簡単に説明しなさい。

[   ]

❻ 図は，いろいろな質量のおもりをつり下げ，ばねの伸びをはかり，グラフにしたものである。次の問いに答えなさい。ただし，100gの物体にはたらく重力の大きさを1Nとする。(5点×3-15点)

(1) このばねに100gのおもりをつり下げると，ばねの伸びは何cmになるか。

[   ]

(2) このばねに2.3Nの力を加えると，ばねは何cm伸びるか。

[   ]

(3) ばねの伸びが3.8cmのとき，つり下げたおもりの質量は何gか。

[   ]

❼ 図は，安山岩をルーペで観察しスケッチしたものである。次の問いに答えなさい。(4点×4-16点)

(1) 図の安山岩のようなつくりを何組織というか。

[   ]

(2) 安山岩のでき方を説明した文の①，②に当てはまることばを答えなさい。

安山岩は，マグマが地表 [①   ] くで，[②   ] に冷えて固まってできた。

(3) 安山岩は，$\frac{2}{3}$程度が無色鉱物でできている。安山岩に多い無色鉱物を，次のア〜エから選びなさい。

ア カンラン石　　イ チョウ石　　ウ キ石　　エ クロウンモ　　[   ]

❽ 図は，震源からの距離とP波，S波が到達するまでの時間の関係を示している。次の問いに答えなさい。(4点×2-8点)

(1) 震源から60km離れた地点での初期微動継続時間を求めなさい。

[   ]

(2) この地震は15時8分23秒に発生した。震源から300km離れた地点で，P波が観測された時刻を答えなさい。

[   ]

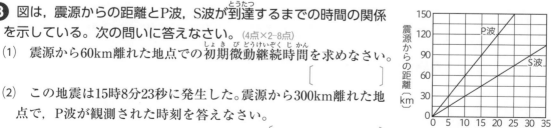

初版
第 1 刷　2021 年 4 月 1 日　発行

●編　者
　数研出版編集部
●カバー・表紙デザイン
　有限会社アーク・ビジュアル・ワークス

発行者　星野　泰也

ISBN978-4-410-15355-6

チャート式®シリーズ　中学理科　1年　準拠ドリル

発行所　数研出版株式会社

本書の一部または全部を許可なく
複写・複製することおよび本書の
解説・解答書を無断で作成するこ
とを禁じます。

〒101-0052 東京都千代田区神田小川町 2 丁目 3 番地 3
　　　　　〔振替〕00140-4-118431
〒604-0861 京都市中京区烏丸通竹屋町上る大倉町205番地
〔電話〕代表 (075)231-0161
ホームページ　https://www.chart.co.jp
印刷　河北印刷株式会社
　　　乱丁本・落丁本はお取り替えいたします　210301

「チャート式」は，登録商標です。

答えと解説

1 生物の観察と分類のしかた

トライ ➡本冊p.5

1 (1) 日当たり：悪い。

　　湿り気：湿っている。

(2) A：イ　B：ア　C：ウ

(3) C

2 (1) レボルバー　(2) 近くなる。

(3)① ミカヅキモ　② イ　③ A

解説

1 (1) 建物の北側は日当たりが悪く，湿っている。

くわしく！ 日当たり・湿りけと植物

.... チャート式シリーズ参考書 >>p.9

2 (2) 対物レンズの長さは倍率が高いほど長い。

(3)② 高倍率にすると，見える範囲は狭くなる。

くわしく！ 顕微鏡の使い方 ………… チャート式シリーズ参考書 >>p.14

チャレンジ ➡本冊p.5

鏡筒を通して，対物レンズの上にほこりが落ちないようにするため。

解説

レンズをはずすときは，対物レンズ→接眼レンズの順にする。

2 果実をつくる花のつくり

トライ ➡本冊p.7

1 (1) D　(2) ア　(3) ウ

(4) 合弁花

2 (1) 受粉

(2) 胚珠：種子

　　子房：果実

(3) 被子植物

解説

1 (3) D（めしべ）の根もとのふくらんだ部分（ウ）を子房といい，中に胚珠が入っている。

くわしく！ 花のつくり ………… チャート式シリーズ参考書 >>p.21

2 (1) 花粉はおしべの先端にあるやくの中に入っている。花粉は動物や風などによって運ばれる。

くわしく！ 花の変化 ………… チャート式シリーズ参考書 >>p.23

チャレンジ ➡本冊p.7

・離弁花：花弁が1枚1枚離れている。

・合弁花：花弁がつながっている。

解説

アブラナやエンドウなどは離弁花，ツツジやタンポポなどは合弁花である。

くわしく！ 離弁花と合弁花 ………… チャート式シリーズ参考書 >>p.22

3 マツの花と種子植物

トライ ➡本冊p.8

1 (1) 図1：B　図2：F

(2) Q　(3) 胚珠

2 (1) A：P　B：R

(2) 子房　(3) 裸子植物

3 (1) 種子

(2) X：胚珠　Y：子房

(3) イ，エ

解説

1 (2) 図3のPは花粉のう，Qは胚珠。胚珠が種子になる。

くわしく！ マツの花 ………… チャート式シリーズ参考書 >>p.25

2 (1) 図1のAと図2のPは胚珠，図1のBは花粉のう，図2のQは子房，Rはやく。

(2) 受粉すると，子房が成長して果実になる。

チャレンジ ➡本冊p.9

被子植物：胚珠が子房の中にある。

裸子植物：子房がなく，胚珠がむき出しになっている。

解説

受粉後，成長すると，胚珠は種子になり，子房は果実になる。裸子植物には子房がないので，果実ができない。被子植物も裸子植物も種子でふえる種子植物である。

くわしく！ 被子植物と裸子植物 …… チャート式シリーズ参考書 >>p.26

❹ 被子植物の分類

トライ ➡本冊 p.11

1 (1) 葉脈

(2) A：網状脈　B：平行脈

(3) ひげ根

(4) a：主根　　b：側根

(5) C

2 (1)① イ　② ウ　③ ア

(2) 葉脈：イ　根：ウ

(3) A：ウ　B：イ　C：エ　D：ア

解説

1 (4) 中心の太い根（a）を主根，枝分かれしている細い根（b）を側根という。

(5) 葉脈が平行脈（B）なのは単子葉類で，根はひげ根（C）になっている。葉脈が網状脈（A）なのは双子葉類で，根はDのように，主根と側根からなる。

くわしく！ 双子葉類・単子葉類の葉脈と根のようす
……………………… チャート式シリーズ参考書 ≫p.33

2 (1)①裸子植物は子房がなく，胚珠がむき出しになっていて，被子植物は胚珠が子房の中にある。

②単子葉類の子葉は 1 枚，双子葉類の子葉は 2 枚。

③合弁花類は花弁がつながっていて，離弁花類は花弁が 1 枚 1 枚離れている。

くわしく！ 被子植物の分類 ………… チャート式シリーズ参考書 ≫p.31

チャレンジ ➡本冊 p.11

・双子葉類：葉脈は網状脈で，根は主根と側根からなる。

・単子葉類：葉脈は平行脈で，根はひげ根である。

解説

被子植物のうち，子葉が 2 枚のなかまを双子葉類，子葉が 1 枚のなかまを単子葉類という。双子葉類と単子葉類は，子葉の数のほかに，葉脈や根のようすも異なる。

❺ 種子をつくらない植物の分類

トライ ➡本冊 p.13

1 (1) ア，イ

(2) 胞子のう

(3) ア

(4) P

(5) 仮根

2 (1) X：胚珠　Y：根，茎，葉　Z：子葉

(2) 胞子

(3) シダ植物：オ　裸子植物：ウ

解説

1 (1) ア，イは葉，ウは茎，エは根。イヌワラビの茎は地中にある。

(2) 胞子のうの中には胞子が入っている。

(3) イヌワラビの胞子のうは葉の裏にある。

くわしく！ シダ植物 ………………… チャート式シリーズ参考書 ≫p.34

(4) 雌株には胞子のうがある。

(5) 仮根はからだを地面などに固定するはたらきをする。

くわしく！ コケ植物 ………………… チャート式シリーズ参考書 ≫p.35

2 (1)X　受粉後，胚珠が成長して種子になる。

Y　種子植物とシダ植物には，根，茎，葉の区別がある。

Z　被子植物は，子葉の数によって双子葉類と単子葉類に分けられる。

(3) アのアサガオは双子葉類（合弁花類），イのエンドウは双子葉類（離弁花類），エのユリは単子葉類である。

くわしく！ 植物の分類のまとめ ……… チャート式シリーズ参考書 ≫p.36

チャレンジ ➡本冊 p.13

・シダ植物：胞子でふえ，根，茎，葉の区別がある。

・コケ植物：胞子でふえ，根，茎，葉の区別がない。

解説

コケ植物で根のように見える部分を仮根といい，からだを地面などに固定するはたらきをする。

6 セキツイ動物の分類

トライ →本冊 p.15

1 (1) セキツイ動物

(2) 両生類：ウ　ハチュウ類：オ

(3) 子：えらと皮膚　親：肺と皮膚

(4) C

(5) 胎生

(6) 殻

(7) (雌の親が出す)乳

2 (1) A

(2) B

解説

1 (2) アのコイは魚類，イのハトは鳥類，エのネコは
ホニュウ類。

(3) 両生類は，子のときは水中で生活し，親になる
と陸上や水辺で生活する。

(4)，(5) 胎生であるのはホニュウ類のみである。魚
類，両生類，ハチュウ類，鳥類は卵生。

(6) ハチュウ類と鳥類の卵は陸上にうみ出される。
これらの卵には，中身を乾燥から守るための殻が
ある。

くわしく！ セキツイ動物の分類 …… チャート式シリーズ参考書 ≫p.42

2 (1) Aは肉食動物，Bは草食動物。Aは目が前向き
についているので，視野は狭いが立体的に見える
範囲が広い。

(2) Bは目が横向きについているので，視野が広く，
後ろのほうまで見える。

くわしく！ 肉食動物と草食動物 …… チャート式シリーズ参考書 ≫p.44

チャレンジ →本冊 p.15

・卵生：親が卵をうみ，卵から子がかえる。

・胎生：子が，母親の子宮内で，ある程度育って
からうまれる。

解説

胎生であるのはホニュウ類のみで，魚類，両生類，ハ
チュウ類，鳥類は卵生である。卵生の動物のうち，魚類
と両生類は水中に産卵し，ハチュウ類と鳥類は陸上に産
卵する。

くわしく！ 子のうまれ方 ………… チャート式シリーズ参考書 ≫p.42

7 無セキツイ動物の分類

トライ →本冊 p.16

1 (1) 外とう膜

(2) えら

(3) 筋肉

(4) 軟体動物

2 (1) 気門

(2) 外骨格

(3) 節足動物

(4)① 昆虫類　② 甲殻類

3 (1) 特徴1：ウ　特徴2：イ

特徴3：エ　特徴4：ア

(2)① G　② B　③ A

解説

1 (1)，(4) 外とう膜をもつ動物を軟体動物といい，ア
サリ，イカ，タコ，マイマイなどがいる。

くわしく！ 軟体動物 ………… チャート式シリーズ参考書 ≫p.46

2 (2)，(3) 外骨格をもち，からだやあしに節のある動
物を節足動物という。

(4)① 昆虫類のからだは，頭部，胸部，腹部に分か
れている。

くわしく！ 節足動物 ………… チャート式シリーズ参考書 ≫p.45

3 (2) Aは魚類，Bは両生類，Cはハチュウ類，Dは
鳥類，Eはホニュウ類，Fは節足動物，Gは軟体
動物。

くわしく！ 動物の分類のまとめ …… チャート式シリーズ参考書 ≫p.47

チャレンジ →本冊 p.17

外骨格をもち，からだやあしに節がある。

解説

節足動物のからだをおおうかたい殻を外骨格という。
節足動物は，昆虫類，甲殻類，その他の節足動物に分け
られる。

くわしく！ 節足動物 ………………… チャート式シリーズ参考書 ≫p.45

❶ (1) イ
　(2)① 記号：D　名称：反射鏡
　　② 記号：B　名称：レボルバー
　　③ 記号：E　名称：調節ねじ
　(3) 記号：イ（と）エ　倍率：600倍
❷ (1) A：Q　B：P　C：なし
　(2) ウ　　(3) エ
　(4) X：胚珠　Y：子房
❸ (1) 裸子植物　(2) A
　(3) 右図　(4) 胞子
　(5) 花弁
　(6) 根，茎，葉
❹ (1) 無セキツイ動物
　(2) CとD：イ　EとF：エ
　(3) A：ウ　F：エ

解説

❶ (1) 鏡筒を通して，対物レンズの上にほこりが落ちるのを防ぐため，レンズは接眼レンズ→対物レンズの順に取りつける。また，はじめは低倍率で観察する。イのような順に操作するのは，対物レンズとプレパラートをぶつけないようにするためである。
　(3) 15×40＝600（倍）
❷ (1) 図1のAはやく，Bは胚珠，Cは子房，図2のPは胚珠，Qは花粉のう。マツの花には子房はない。また，やくと花粉のうの中には花粉が入っている。
　(3) イチョウとソテツは裸子植物，スギナはシダ植物。
　(4) 被子植物では，受粉後，胚珠が種子になり，子房が果実になる。
❸ (1) 種子植物は子房の有無によって被子植物と裸子植物に分けられる。
　(2)，(3) 花の断面より，胚珠が子房の中にあるので被子植物。根より，主根と側根からなるので，双子葉類。双子葉類の葉脈は網状脈である。
　(6) コケ植物で，根のように見えるつくりは仮根といい，からだを地面に固定している。
❹ (1) Aは背骨がない無セキツイ動物，Bは背骨があるセキツイ動物。
　(2) Cは，えらで呼吸する動物。Dは，肺で呼吸する動物。Eは卵生，Fは胎生である。
　(3) 胎生であるのはホニュウ類のみ。

❽ 物質の区別

トライ →本冊p.20

1 (1)① ガス調節　② 空気調節
　(2) 空気調節ねじ
2 (1) 二酸化炭素　(2) 水　(3) 有機物
　(4) イ，エ　(5) 無機物
3 (1) ア，ウ，エ　(2) 金属ではない。

解説

1 (2) 火を消すときは，空気調節ねじ→ガス調節ねじ→（コック）→元栓 の順に閉める。
> くわしく！　ガスバーナーの使い方 …… チャート式シリーズ参考書 >>p.55

2 (1)，(3) ろうを燃やすと二酸化炭素が発生するのは，ろうに炭素が含まれているからである。炭素を含む物質を有機物という。
　(2) ろうを燃やすと水ができるのは，ろうに水素が含まれているからである。
　(4) 二酸化炭素や一酸化炭素は，炭素を含むが無機物に分類される。また，炭素そのものも無機物である。
> くわしく！　無機物 ………………… チャート式シリーズ参考書 >>p.54

3 (1) 磁石につくのは鉄など，一部の金属だけの性質である。また，金属は無機物なので，燃えても二酸化炭素を発生しない。
　(2) シャープペンシルのしんは炭素でできている。電気を通すが，たたくと折れる。
> くわしく！　金属と非金属 ………… チャート式シリーズ参考書 >>p.56

チャレンジ →本冊p.21

炭素（と水素）を含む物質。

解説

有機物には炭素が含まれているので，燃やすと二酸化炭素を発生する。また，多くの有機物には水素も含まれている。
> くわしく！　有機物 ………………… チャート式シリーズ参考書 >>p.53

❾ 物質の密度

トライ ➡本冊 p.22

1 (1) 水平な台　　(2) イ

2 (1) $3.0cm^3$　　(2) C　　(3) D

3 (1) エタノール，重油　　(2) エタノール

　　(3) 銅　　(4) $23.7g$　　(5) $20.0cm^3$

解説

1 (2) エ　指針が左右に等しく振れたとき，つりあった と判断する。

くわしく！ 上皿てんびんの使い方 … チャート式シリーズ参考書 ≫p.58

2 (2) 密度$[g/cm^3]=\dfrac{質量[g]}{体積[cm^3]}$ より，

　　金属AとDの密度は$2.69g/cm^3$，金属Bの密度は $7.87g/cm^3$，金属Cの密度は$8.96g/cm^3$

3 (1) 水より密度が小さい物質は水に浮く。

　　(4) $0.79[g/cm^3]×30.0[cm^3]=23.7[g]$

　　(5) $\dfrac{54.0[g]}{2.70[g/cm^3]}=20.0[cm^3]$

チャレンジ ➡本冊 p.23

氷のほうが水より密度が小さいから。

解説

水より密度が小さい物質は水に浮く。

くわしく！ 密度とものの浮き沈み … チャート式シリーズ参考書 ≫p.60

❿ 気体の性質の調べ方と集め方

トライ ➡本冊 p.24

1 (1) ア：窒素　イ：酸素　　(2) 二酸化炭素

2 (1) 溶けやすい　　(2) 酸性

　　(3) アルカリ性

3 (1) ア：水上置換法　イ：下方置換法

　　ウ：上方置換法

　　(2) A　　(3) C　　(4) ア

　　(5) へこむ

解説

1 (2) 有機物には炭素が含まれているので，燃やすと 二酸化炭素が発生する。

くわしく！ 空気の組成 ………… チャート式シリーズ参考書 ≫p.65

2 (1) リトマス紙で調べることができるのは，水溶液 の性質である。

くわしく！ 気体の性質の調べ方 …… チャート式シリーズ参考書 ≫p.65

3 (5) 水に溶けやすい気体を入れたペットボトルに水 を入れて振ると，ペットボトルがへこむ。

くわしく！ 気体の集め方 …………… チャート式シリーズ参考書 ≫p.66

チャレンジ ➡本冊 p.25

上方置換法：水に溶けやすく，空気より密度が小 さい。

下方置換法：水に溶けやすく，空気より密度が大 きい。

解説

気体を集めるときは，その気体の性質に適した集め方 を選ぶ。

⓫ 気体の発生と性質

トライ ➡本冊 p.27

1 (1) 上方置換法

　　(2) 水に溶けやすい。空気より密度が小さい。

　　(3) アルカリ性

2 (1) 液体X：ウ　固体Y：ケ

　　(2) 爆発して燃える　　(3) 水

解説

1 (3) 赤色リトマス紙が青色に変わるのはアルカリ性 の水溶液，青色リトマス紙が赤色に変わるのは酸 性の水溶液。

くわしく！ アンモニアの発生と性質 ………………………………… チャート式シリーズ参考書 ≫p.69

2 (2) 水素は気体そのものが燃える。これに対し，酸 素は，酸素そのものは燃えず，ほかのものを燃や す性質がある。

くわしく！ 水素の発生と性質 ……… チャート式シリーズ参考書 ≫p.70

チャレンジ ➡本冊 p.27

水に溶けにくい性質。

解説

図の集め方は水上置換法である。

12 物質が水に溶けるようす

トライ ➡本冊p.28

1 (1) 溶媒　(2) 溶質　(3) エ
2 (1) ア：溶質　イ：溶質　ウ：溶液　エ：溶媒
　　(2) 20%　(3) 45g
3 (1) 400g　(2) 4%　(3) C
　　(4) 8%　(5) 175g

解説

1 (3) 水溶液の濃さはどの部分でも均一である。

くわしく！ 物質の溶け方 ……… チャート式シリーズ参考書 ≫p.77〜78

2 (2) $\dfrac{30〔g〕}{(120+30)〔g〕} \times 100 = 20〔\%〕$

　　(3) $300〔g〕 \times \dfrac{15}{100} = 45〔g〕$

くわしく！ 質量パーセント濃度
……… チャート式シリーズ参考書 ≫p.78〜79

3 (1) $360+40=400〔g〕$

　　(2) $\dfrac{20〔g〕}{(480+20)〔g〕} \times 100 = 4〔\%〕$

　　(3) Aは，$\dfrac{40〔g〕}{400〔g〕} \times 100 = 10〔\%〕$

　　　 Cは，$\dfrac{30〔g〕}{(170+30)〔g〕} \times 100 = 15〔\%〕$

　　(4) $\dfrac{40〔g〕}{(400+100)〔g〕} \times 100 = 8〔\%〕$

　　(5) 求める食塩水の質量は，$30〔g〕 \div 0.08 = 375〔g〕$
　　　 $375〔g〕 - 200〔g〕 = 175〔g〕$

チャレンジ ➡本冊p.29

解説

水溶液には溶質の粒子が均一に分布している。

13 溶解度と再結晶

トライ ➡本冊p.30

1 (1) A：混合物　B：純粋な物質（純物質）
　　(2) A：ア，ウ，オ　B：イ，エ，カ
　　(3) 再結晶
2 (1) 溶解度　(2) 塩化ナトリウム
　　(3) ミョウバン　(4) 水（溶媒）を蒸発させる。
3 (1) ミョウバン　(2) 40℃　(3) 18.9g

解説

1 (3) 再結晶を利用すると，混合物から結晶となった
　　　 純粋な物質を得ることができる。

くわしく！ 混合物・純粋な物質と再結晶
……… チャート式シリーズ参考書 ≫p.83

2 (3) 塩化ナトリウムは20℃でも水100gに30g以上溶
　　　 ける。
　　(4) 水の量を減らせばよい。

くわしく！ 水に溶けている物質を取り出す
……… チャート式シリーズ参考書 ≫p.81

3 (1) 塩化ナトリウムは0℃でも15g以上溶ける。
　　(3) $24.8 - 5.9 = 18.9〔g〕$

チャレンジ ➡本冊p.31

塩化ナトリウムは，水溶液の温度を下げても，溶
解度がほとんど変化しないから。

解説

　ミョウバンなどとは異なり，塩化ナトリウムは温度が
変わっても溶解度があまり変化しない。

14 状態変化と体積・質量

トライ ➡本冊p.33

1 (1) 液体　(2) A，D，E　(3) 気体
2 (1) ろう：変化しなかった。
　　　 水：変化しなかった。
　　(2) ろう：ア　水：イ
　　(3) ア　(4) 大きくなる。

解説

1 (2) 固体→液体（ア），液体（ア）→気体，固体→気体
　　　 が当てはまる。
2 (2) 液体から固体になると，ろうは体積が小さくな
　　　 り，中央部分がへこむ。水は体積が大きくなり，盛
　　　 り上がる。
　　(4) 質量は変化せず，体積が小さくなるので，密度
　　　 は大きくなる。

くわしく！ 状態変化と体積・質量 ……… チャート式シリーズ参考書 ≫p.90

チャレンジ ➡本冊p.33

質量は変化しないが体積は大きくなる

解説

　液体から固体に変化するとき，水は例外的に体積が大
きくなる。

⑮ 状態変化と温度

トライ ➡本冊p.34

1 (1) 沸騰石　　(2) エ
　 (3) 沸点　　 (4) ウ
　 (5) 変化しない。
2 (1) イ　　(2) A
　 (3) C　　(4) イ
　 (5) 蒸留

解説

1 (2) 沸騰が始まると，加熱を続けても温度が上がらなくなる。
　 (5) 融点や沸点は物質の種類によって決まっていて，質量が変化しても変化しない。

くわしく！ 物質が状態変化するときの温度
.... チャート式シリーズ参考書 ≫p.92

2 (1) 出てくる蒸気の温度をはかるので，温度計の液だめは枝の高さにする。
　 (2)，(3) 沸点の低いエタノールが先に気体になって出てくる。エタノールに火をつけると燃える。
　 (4) アはエタノール，ウは水を加熱したときの温度変化を示している。混合物の沸点は一定にならない。

くわしく！ 水とエタノールの混合物の蒸留
.... チャート式シリーズ参考書 ≫p.95

チャレンジ ➡本冊p.35

　液体を沸騰させて気体にし，それを冷やして再び液体にして取り出す方法。

解説

　蒸留を利用すると，混合物中の物質の沸点の違いにより，それぞれの物質を分けて取り出すことができる。

くわしく！ 混合物の分け方 .... チャート式シリーズ参考書 ≫p.94

確認問題② ➡本冊p.36

1 (1) A：食塩　B：かたくり粉　C：砂糖
　 (2)① 石灰水　② 二酸化炭素　③ 有機物
2 (1) A　　(2) B，C
　 (3) E　　(4) A，B，C
3 (1) イ
　 (2) 水素：ウ　アンモニア：ア
　 (3) 水素：ウ　アンモニア：ア
　 (4) 手であおぐようにしてかぐ。
4 (1) 23.1%　　(2) 硝酸カリウム
　 (3) エ　　 (4) 8g
5 (1) B，E　　(2) A，C
　 (3) B　　(4) エ

解説

1 (1) 加熱したとき，黒くこげるのは，かたくり粉（B）と，砂糖（C）。水に入れてかき混ぜたとき，白くにごるのはかたくり粉（B）である。残るAが食塩である。
　 (2) エタノールは有機物であり，燃やすと二酸化炭素が発生する。二酸化炭素は石灰水を白くにごらせる。

2 (1)，(2) 原点と各点を結んだ直線を引いたとき，傾きが大きいほど密度が大きい。また，同じ直線上にある物質の密度は同じである。
　 (3) 密度が最も小さい物質。
　 (4) 水（密度は$1.0g/cm^3$）より密度が大きい物質。

3 (2) 水素は水に溶けにくいので水上置換法（ウ）で集める。アンモニアは水に溶けやすく空気より密度が小さいので，上方置換法（ア）で集める。
　 (4) アンモニアを吸い込まないようにする。

4 (1) $\dfrac{30〔g〕}{(100+30)〔g〕}×100＝23.07\cdots$　より23.1%
　 (2) 塩化ナトリウムは温度が下がっても溶解度がほとんど変化しない。
　 (3) 硝酸カリウムの溶解度が30gより小さくなる温度をグラフから読み取る。
　 (4) $30〔g〕-22〔g〕＝8〔g〕$

5 (1) 20℃で液体ということは，融点が20℃以下，沸点が20℃以上の物質を探す。
　 (2) 融点が20℃以上の物質。
　 (3) 融点が0℃，沸点が100℃の物質。
　 (4) 蒸留では，沸点の低い物質が先に気体になって出てくる。水とエタノールの混合物の蒸留では，沸点の低いエタノールが先に気体になる。

16 光の進み方と反射

トライ ➡本冊p.38

1 (1) イ　　(2) ウ
　(3)（入射角）＝（反射角）
　(4) 反射の法則
2 (1) ア：光源　イ：反射
　(2) ウ
3 C，D

解説

1 (1), (2)　物体の面に垂直な線と入射光との間の角を入射角，物体の面に垂直な線と反射光との間の角を反射角という。
　(3), (4)　つねに入射角＝反射角であり，これを反射の法則という

くわしく！　光の反射 ………………… チャート式シリーズ参考書 ≫p.102

2 (2)　反射角は入射角と等しい。
3　右の図のように，点Pから鏡の左端に直線を引き，それを入射光とする反射光をかく。同様に，点Pから鏡の右端に直線を引

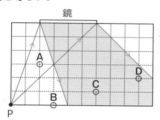

き，それを入射光とする反射光をかく。鏡に映って見える範囲は，この2つの反射光の間の範囲である。

くわしく！　鏡に映る像の見え方 … チャート式シリーズ参考書 ≫p.105

チャレンジ ➡本冊p.39

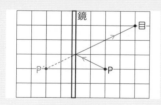

解説

①鏡をはさんで点Pと対称の位置に点P´をとる。
②点P´と目を結ぶ直線をかく。
③②の直線と鏡との交点と点Pを結ぶ直線をかく。

くわしく！　像の位置と光の道すじ … チャート式シリーズ参考書 ≫p.104

17 光の屈折

トライ ➡本冊p.40

1 (1) e　　(2) a
　(3)（入射角）＜（屈折角）
2 (1) B，D　　(2) A　　(3) ウ
3 (1) 全反射　　(2) エ

解説

1 (1), (2)　入射角や屈折角は，境界面に垂直な線と入射光や屈折光との間の角である。
　(3)　水やガラスから空気へ光が進むとき，屈折角は入射角より大きくなる。

くわしく！　光の屈折 …………………… チャート式シリーズ参考書 ≫p.106

2 (1)　空気からガラスへと進む光と境界面に垂直な線との間の角（B）と，ガラスから空気へ進む光と境界面に垂直な線との間の角（D）の2つ。
　(3)　下の図のように，手の位置から出る線を延長してかくと，光源装置よりも向かって左側にずれて見える。

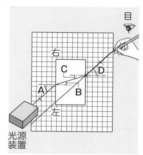

くわしく！　光の屈折による見え方 … チャート式シリーズ参考書 ≫p.107

3 (1)　金魚が水面に映って見えるのは，水中からの光が反射しているからである。

くわしく！　全反射 …………………… チャート式シリーズ参考書 ≫p.109

チャレンジ ➡本冊p.41

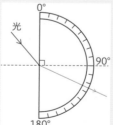

解説

入射角＞屈折角となるように屈折する。

🔟 凸レンズを通る光の進み方

トライ　→本冊p.42

1 (1) 光軸(凸レンズの軸)
　　(2) 焦点　(3) 焦点距離
2 (1) 大きい。　(2) 像　(3) イ
3 図1：イ　図2：ア　図3：イ

解説

1 (2) 光軸に平行な光を凸レンズに当てたとき，光が屈折して1点に集まる点を焦点という。
2 (1) 凸レンズのふくらみが大きいほど，焦点距離が短くなる。
　　(3) アは全反射，ウは光の反射を利用している。

くわしく！ 凸レンズの性質 ……… チャート式シリーズ参考書 ≫p.115

3 光軸に平行な光は，凸レンズで屈折した後，焦点を通る(図1)。凸レンズの中心を通る光は，そのまま直進する(図2)。焦点を通って凸レンズに入った光は，屈折した後，光軸に平行に進む(図3)。

くわしく！ 凸レンズを通る光の進み方
………………………… チャート式シリーズ参考書 ≫p.117

チャレンジ　→本冊p.43

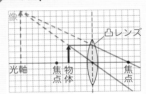

解説

光軸に平行な光は，凸レンズで屈折した後，焦点を通る。

🔟 凸レンズによってできる像

トライ　→本冊p.44

1 (1) 実像　(2) 逆になっている。
　　(3) 大きくなる。
2 (1) 実像　(2) 虚像
　　(3) ア：小さい　イ：大きい　ウ：できない
　　(4) エ：a＞b　オ：a＝b　カ：a＜b
3

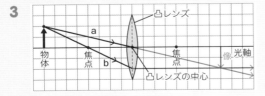

解説

1 (1) 物体が焦点より外側にあるときにできる像を実像という。
2 (3) 物体を凸レンズに近づけていくと，実像の大きさはだんだん大きくなる。
　　(4) 物体を凸レンズに近づけていくと，凸レンズと実像の距離はだんだん遠ざかる。なお，物体が焦点距離の2倍の位置にあるとき，実像の大きさは物体と同じで，凸レンズからの距離も同じ。

くわしく！ いろいろな位置に物体があるときの像のでき方
………………………… チャート式シリーズ参考書 ≫p.120

3 凸レンズの中心を通る光(a)は直進する。焦点を通った光(b)は光軸と平行に進む。この2本の直線の交点が，実像の先端になる。

くわしく！ 凸レンズを通る光の道すじと実像
………………………… チャート式シリーズ参考書 ≫p.121

チャレンジ　→本冊p.45

解説

光軸に平行な光の道すじと，凸レンズの中心を通る光の道すじをかき，逆方向に延長して交点を求める。

くわしく！ 凸レンズを通る光の道すじと虚像
………………………… チャート式シリーズ参考書 ≫p.121

🔟 音の伝わり方と速さ

トライ　→本冊p.46

1 (1) 音源(発音体)　(2) 鼓膜　(3) 波
　　(4) 空気　(5) イ
2 (1) 345m/s　(2) 828m
3 0.5秒後
4 1200m

解説

1 (4) 音源の振動が空気を伝わって耳に届く。

くわしく！ 音の伝わり方 ……… チャート式シリーズ参考書 ≫p.127

2 (1) $\dfrac{1035〔m〕}{3〔s〕}=345〔m/s〕$

　　(2) $345〔m/s〕×2.4〔s〕=828〔m〕$

くわしく！ 音の速さ ……… チャート式シリーズ参考書 ≫p.130

3 $\dfrac{170〔m〕}{340〔m/s〕}=0.5〔s〕$

4 船から海底までの時間は0.8s

$1500〔m/s〕×0.8〔s〕=1200〔m〕$

チャレンジ ➡本冊p.47

音の伝わる速さは光の速さより（はるかに）遅いから。

解説

空気中を伝わる音の速さは約340m/s、光の速さは約30万km/sである。

21 音の大きさと高さ

トライ ➡本冊p.48

1 (1) 振幅　　(2) 大きくなる。

(3) 大きくなる。　　(4) 振動数

(5) 記号：**Hz**　読み方：ヘルツ

2 (1) 高くなる。　　(2) 多くなる。

(3) 大きくなる。

(4) 弦の張り方を強くする。　　(5) イ

3 (1) 低くなる。　　(2) イ

解説

1 (1) もとの位置からの振れ幅を振幅という。

(2)、(3) 振幅が大きいほど音が大きい。

くわしく！ 振幅と振動数 ……………… チャート式シリーズ参考書 》》p.132

2 (1)、(2) Aの部分が短くなる。弦を短くすると振動数が多くなり、高い音になる。

(5) 波の高さが振幅、波の数が振動数を表す。

3 (1) 割りばしの間を広げると、弦が長くなる。

チャレンジ ➡本冊p.49

・音の大きさ：振幅が大きいので音が大きい。

・音の高さ：振動数が多いので音が高い。

解説

音の大きさは振幅、音の高さは振動数で決まる。グラフの縦軸は振幅、横軸は時間を表す。

くわしく！ 音の波形 ………………… チャート式シリーズ参考書 》》p.134

22 物体にはたらく力

トライ ➡本冊p.50

1 (1)① イ　②ウ　③ア

(2) 記号：**N**　読み方：ニュートン

2 A：イ　B：エ　C：ア　D：カ　E：ウ

3 (1) 比例（の関係）　　(2) フックの法則

(3) **7.5cm**　　(4) **0.84N**

解説

1 (1)③　物体の動きには速さと向きがある。

2　Aは変形した物体（ばね）がもとにもどろうとする力である。A〜Dは接しているときにはたらく力、Eは離れていてもはたらく力である。

くわしく！ 力のはたらきと種類 …… チャート式シリーズ参考書 》》p.139

3 (1)　原点を通る直線のグラフは比例の関係を表す。

(3)　ばねの伸びを$x$cmとすると、

$0.6〔N〕:3〔cm〕=1.5〔N〕:x〔cm〕$より、$x=7.5$

(4)　力の大きさをxNとすると、

$0.6〔N〕:3〔cm〕=x〔N〕:4.2〔cm〕$より、$x=0.84$

くわしく！ フックの法則 …………… チャート式シリーズ参考書 》》p.142

チャレンジ ➡本冊p.51

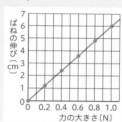

解説

ばねの伸びはばねにはたらく力の大きさに比例する。グラフは原点を通る直線になる。

くわしく！ 力の大きさとばねの伸びのグラフ

………………………………… チャート式シリーズ参考書 》》p.143

23 力の表し方と2力のつりあい

トライ ➡本冊p.52

1 ア：作用点　イ：力の向き　ウ：力の大きさ

2 (1) ア：10N　イ：20N　ウ：30N

　　(2) 12N　　(3) 1200g　　(4) 2N

3 (1) A：垂直抗力　　B：摩擦力

　　(2) 等しい。（同じ。）

　　(3) 反対になっている。　　(4) 3N

解説

1　矢印の始点が作用点，矢印の向きが力の向き，矢印の長さが力の大きさを表す。

◁くわしく！ 力の表し方 ………………… チャート式シリーズ参考書 ≫p.144

2　(1)　2kg＝2000g　2000gの物体にはたらく重力の大きさは20N。矢印の長さは力の大きさに比例している。

　　(3)　上皿てんびんではかるのは質量。質量は場所が変わっても変化しない。

　　(4)　$12〔N〕×\dfrac{1}{6}＝2〔N〕$

◁くわしく！ 重力と質量 ………………… チャート式シリーズ参考書 ≫p.146

3　(2)～(4)　つりあう2力の大きさは等しく，向きは反対になっている。

◁くわしく！ 2力のつりあい ………… チャート式シリーズ参考書 ≫p.147

チャレンジ ➡本冊p.53

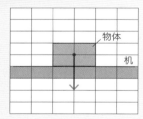

解説

　重力の作用点は物体の中心にとる。物体にはたらく重力の大きさは3Nなので，下向きに3目盛りの矢印をかく。

◁くわしく！ いろいろな物体にはたらく力
　………………… チャート式シリーズ参考書 ≫p.145

確認問題③　➡本冊p.54

1 (1) ア　(2) 0.85km

2 (1) 30cm

　　(2) 15cm

　　(3) 右図

　　(4) ウ

　　(5)① イ

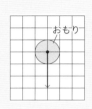

　　　② 小さくなる。

3 (1)① E　　② B　　③ C

　　(2) B　　(3) 250Hz

4 (1) 作用点　　(2) 右図

　　(3) 9cm　　(4) 2N

　　(5) 3倍　　(6) 0.5cm

解説

1 (1)　光がガラス中から空気中へ出ていくときにも，光の道すじは折れ曲がる。

　　(2)　距離＝速さ×時間　より，
　　　　340〔m/s〕×2.5〔s〕＝850〔m〕　850m＝0.85km

2 (2)　焦点距離の2倍の位置に物体を置いたとき，反対側の焦点距離の2倍の位置に，物体と同じ大きさの実像ができる。
　　　　30〔cm〕÷2＝15〔cm〕

　　(3)　光軸に平行な光は焦点を通り，凸レンズの中心を通る光は直進する。この2つの直線の交点が実像の先端になる。

　　(5)　ふくらみの大きい凸レンズは焦点距離が短いので，物体から焦点までの距離が遠くなる。すると，凸レンズからスクリーンまでの距離は短くなり，実像の大きさは小さくなる。

3 (1)　調べる条件以外の条件が同じものどうしで比べる。

　　(2)　弦の長さが短いほど，弦が細いほど，弦の張り方が強いほど，音は高くなる。

　　(3)　波の1往復にかかる時間は0.004秒。
　　　　1÷0.004〔s〕＝250より250Hz

4 (2)　30gの物体にはたらく重力の大きさは0.3N。重力の矢印は作用点から下向きにかく。

　　(3)　ばねAの伸びをxcmとすると，
　　　　0.4〔N〕：3〔cm〕＝1.2〔N〕：x〔cm〕より，x＝9

　　(4)　ばねBに加えた力の大きさをxNとすると，
　　　　0.4〔N〕：1〔cm〕＝x〔N〕：5〔cm〕より，x＝2

　　(6)　地球上で120gのおもりにはたらく重力の大きさは1.2Nなので，月面上では0.2Nの重力がはたらく。月面上でのばねBの伸びをxcmとすると，
　　　　0.4〔N〕：1〔cm〕＝0.2〔N〕：x〔cm〕より，x＝0.5

24 火山の活動

トライ ➡本冊p.56

1 (1) マグマ
(2) 火山灰　(3) 溶岩
2 (1) A：ウ　B：ア　C：イ
(2) E　(3) F
(4) P：イ　Q：ウ　R：ア
3 (1) A　(2) A：エ　B：ウ

解説

1 (1) 地球内部の熱によって地下の岩石がどろどろにとけ，マグマができる。

くわしく! マグマと火山噴出物 …… チャート式シリーズ参考書 ≫p.153

2 (1)～(3) マグマのねばりけが強いほど，おわんをふせたような形の火山になる。また，噴火のようすは激しく，火山噴出物の色は白っぽくなる。

くわしく! マグマのねばりけと火山の特徴
　　　　　　　　　　　　　　チャート式シリーズ参考書 ≫p.154

3 Aはマグマのねばりけが弱く，噴火のようすは穏やかで，火山噴出物の色は黒っぽい。Bはマグマのねばりけが強く，噴火のようすは激しく，火山噴出物の色は白っぽい。

チャレンジ ➡本冊p.57

マグマのねばりけが強く，火山噴出物の色は白っぽい。

解説

おわんをふせたような形の火山をつくるマグマのねばりけは強い。また，ねばりけの強いマグマからできた火山噴出物の色は白っぽくなる。

25 鉱物と火成岩

トライ ➡本冊p.59

1 (1) B　(2) B
(3) クロウンモ　(4) 深成岩
2 (1) チョウ石，セキエイ
(2) 火山岩：流紋岩　深成岩：花こう岩
(3) 火山岩：玄武岩　深成岩：斑れい岩

解説

1 (1), (2), (4) ゆっくり冷やすと結晶が大きくなる。これは深成岩のでき方である。

くわしく! 火成岩のでき方 ………… チャート式シリーズ参考書 ≫p.158

2 (2) 無色鉱物がほぼ8割で，約1割がクロウンモなので，最も白っぽい火成岩である。
(3) カンラン石とキ石をふくむので，もっとも黒っぽい火成岩である。

くわしく! いろいろな火成岩 ……… チャート式シリーズ参考書 ≫p.159

チャレンジ ➡本冊p.59

等粒状組織で，色が白っぽいから。

解説

肉眼でも見分けられるぐらいの大きさの鉱物が組み合わさったつくりを等粒状組織といい，深成岩のつくりである。深成岩には花こう岩，閃緑岩，斑れい岩があり，最も白っぽいのは花こう岩である。

26 地震のゆれとその伝わり方

トライ ➡本冊p.61

1 (1) 震央　(2) 下図

(3) 小さくなっている。
2 (1) P波：初期微動　S波：主要動
(2) P波：6km/s　S波：3km/s
(3) 15秒　(4) 40秒

解説

1 (2) 同じ時刻を線でつないでできた同心円の中心が震央である。

くわしく! 地震のゆれの伝わり方 … チャート式シリーズ参考書 ≫p.166

2 (2) P波の速さは，$\dfrac{150〔km〕}{25〔s〕}=6〔km/s〕$

S波の速さは，$\dfrac{60〔km〕}{20〔s〕}=3〔km/s〕$

(3) P波とS波の到達時間の差を初期微動継続時間という。

(4) 初期微動継続時間は震源からの距離に比例する。初期微動継続時間をxとすると，

$90〔km〕:15〔s〕=240〔km〕:x〔s〕$　より，$x=40$

くわしく! 初期微動継続時間 ………… チャート式シリーズ参考書 ≫p.169

チャレンジ →本冊p.61

- 震度：ある地点での地震のゆれの大きさを表す。
- マグニチュード：地震の規模(エネルギーの大きさ)を表す。

解説

　ふつう，震央からの距離が大きくなると，震度は小さくなる。マグニチュードは1つの地震に1つだけ決まる。

くわしく！　震度とマグニチュード … チャート式シリーズ参考書 ≫p.170

㉗ 地震が起こるしくみと地形の変化

トライ →本冊p.63

1 (1) 海溝　　(2) ア
　　(3) Y：海溝型地震
　　　　Z：内陸型地震
　　(4) Y　　(5) Z

2 (1) 図1：海岸段丘　図2：リアス海岸
　　(2) 隆起　　(3) 沈降
　　(4) 図1：(2)　図2：(3)

解説

1 (1) 日本海溝は，海洋プレートと大陸プレートの境目にある。
　　(2) 日本列島付近では，海洋プレートが大陸プレートの下に沈みこんでいる。
　　(3)～(5) 震源が浅い地震には海溝の近くで発生する海溝型地震と，内陸で発生する内陸型地震がある。

くわしく！　地震が起こるしくみ ……チャート式シリーズ参考書 ≫p.174

2 大規模な地震が起こると，大地が隆起したり沈降したりする。海岸段丘は大地の隆起または海水面の低下，リアス海岸は大地の沈降または海水面の上昇によってできる。

くわしく！　隆起・沈降と地形の変化
　…………………………… チャート式シリーズ参考書 ≫p.175

チャレンジ →本冊p.63

　海溝付近では浅く，日本海側に向かうにつれて深くなっている。

解説

　日本海溝付近では，海洋プレートが大陸プレートの下に沈みこんでいる。海洋プレートに引きずりこまれた大陸プレートにたまったひずみが限界に達すると，大陸プレートの先端が急激にはね上がり，地震が起こる。

㉘ 地層のでき方

トライ →本冊p.65

1 (1) A：Ｖ字谷　B：扇状地　C：三角州
　　(2) A：侵食　B：堆積　C：堆積

2 (1) かぎ層　　(2) b
　　(3) 西　　(4) 泥岩

解説

1 流れが速い上流では，川底や川岸が侵食されてＶ字谷ができる。山地から平野に出たところでは，流れが急にゆるやかになり，土砂が堆積して扇状地ができる。河口付近では，流れが非常にゆるやかになり，土砂が堆積して三角州ができる。

くわしく！　流水のはたらきと地形
　…………………………… チャート式シリーズ参考書 ≫p.181

2 (2) 凝灰岩の層をかぎ層とする。A～Cの柱状図の凝灰岩の位置をそろえると，右図のようになる。この地域の地層は下のほうが古いのだから，bが最も古いということになる。

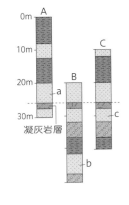

(3) 柱状図を標高に合わせてそろえる(右図)と，BとCの凝灰岩の層の高さが一致する。このことから，南北方向には傾いていないことがわかる。標高が同じAとCを比べると，凝灰岩の層はAのほうが低いので，西のほうが低くなっているとわかる。

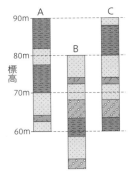

(4) 地点Pは，Bよりも10m標高が低いので，Bの柱状図で深さ20mの位置のものを答える。

チャレンジ ➡本冊p.65

解説

　凝灰岩の層をかぎ層とする。A〜Cの柱状図を標高に合わせてそろえると，右図のようになる。この図より，BとC（南北方向）には傾きがなく，A（西）に向かって高くなっている。DはAの真南に位置するので，Dの各層の標高はAと等しくなる。Dの凝灰岩の層の上面の標高は120mなので，地下5mになる。

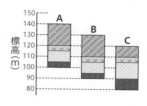

くわしく！ 地層の広がり ……………… チャート式シリーズ参考書 ≫p.184

29 地層からわかる過去のようす

トライ ➡本冊p.67

1 (1) 泥岩　　(2) 凝灰岩

　(3) 石灰岩　　(4) 二酸化炭素

2 (1) イ　　(2) ウ

　(3) 示相化石

3 (1) しゅう曲　　(2) 断層

解説

1 (1) 粒の直径は，れき岩は2mm以上，砂岩は$\frac{1}{16}$〜2mm，泥岩は$\frac{1}{16}$mm以下。

　(3)，(4) 石灰岩にうすい塩酸をかけると二酸化炭素を発生するが，チャートにうすい塩酸をかけても変化しない。

くわしく！ 堆積岩 ……………… チャート式シリーズ参考書 ≫p.185

2 (2) ビカリアとナウマンゾウは新生代，ティラノサウルスは中生代の示準化石である。

　(3) 示相化石にはサンゴ（あたたかくて浅い海）などがある。

3 (2) 断層には，はたらく力の状態によって，正断層，逆断層，横ずれ断層がある。

くわしく！ 断層 ……………… チャート式シリーズ参考書 ≫p.189

チャレンジ ➡本冊p.67

示相化石：地層が堆積した当時の環境

示準化石：地層が堆積した年代

解説

　示相化石にはサンゴ，アサリ，ブナなどがある。示準化石にはフズリナ（古生代），アンモナイト（中生代），ビカリア（新生代）などがある。

くわしく！ 示相化石，示準化石 ……… チャート式シリーズ参考書 ≫p.187

確認問題④ ➡本冊p.68

1 (1) 等粒状組織　　(2) エ

　(3) 場所：地下の深いところ

　　　冷え方：ゆっくり冷えた。　　(4) イ

2 (1) Z　　(2) ア　　(3) 火山の噴火

　(4) イ　　(5) 示準化石　　(6) ウ

3 (1) 7.5km/s　　(2) 10時20分06秒

　(3) 15秒　　(4) 地点A

　(5)① 10時20分08秒

　　② 10時20分46秒　　③ 34秒

　(6) プレート

4 イ

解説

1 (1)〜(3) 図は等粒状組織なので深成岩である。また，深成岩（花こう岩，閃緑岩，斑れい岩）のうち，白っぽいのは花こう岩である。

　(4) セキエイとチョウ石は無色鉱物である。カクセン石は濃い緑色〜黒色で，長い柱状・針状である。

2 (1) 地層は下の層ほど古い。Xの層とYの層はつながっている。

　(2) 粒の大きいものほど海岸近くで堆積する。

　(3) 凝灰岩は火山灰などが堆積してできる。

　(5) 地層が堆積した当時の環境を推定する手がかりになる化石は示相化石。

　(6) 石灰岩は生物の遺骸などが堆積してでき，うすい塩酸をかけると二酸化炭素が発生する。

3 (1) $\dfrac{(60-30)〔km〕}{(14-10)〔s〕}=7.5〔km/s〕$

　(2) 震源から地点Aまでの30kmをP波が伝わった時間は，30〔km〕÷7.5〔km/s〕=4〔s〕より，10時20分10秒の4秒前。

(3) 初期微動継続時間は震源からの距離に比例する。震源からの距離が75kmの地点の初期微動継続時間をx秒とすると，

30〔km〕：6〔s〕＝75〔km〕：x〔s〕より，x＝15

(5)① 15〔km〕÷7.5〔km/s〕＝2〔s〕より，10時20分06秒の2秒後。

② S波の速さは，$\dfrac{(60-30)〔km〕}{(26-16)〔s〕}＝3〔km/s〕$

120〔km〕÷3〔km/s〕＝40〔s〕

③ 緊急地震速報が発表されたのは，地震発生の6秒後。40－6＝34〔s〕

❹ ア：マグニチュードは地震の規模を表す。ウ：海溝付近より日本海側のほうが震源が深い。エ：津波が起こることがあるのは，海溝型地震。

---

❶ (1) 葉の裏側(胞子のう)　　(2) イ

❷ (1) 外とう膜　　(2) ア　　(3) 背骨

❸ (1) 下方置換法　　(2) エ
　(3) 二酸化炭素　　(4) エ

❹ (1) 約75g　　(2) イ

❺ (1) 1224 m　　(2) 374m
　(3) (例)音により空気が振動し，波として伝わったから。

❻ (1) 5cm　　(2) 11.5cm　　(3) 76g

❼ (1) 斑状組織　　(2)① 近　　② 急　　(3) イ

❽ (1) 10秒　　(2) 15時9分13秒

解説

❶ (1) イヌワラビでは，胞子をつくる胞子のうは，葉の裏側にある。
　(2) スギゴケの仮根は，根ではない。

❷ (1)(2) イカやアサリのように，外とう膜をもつ動物は，軟体動物に分類される。
　(3) 背骨がある動物をセキツイ動物，背骨がない動物を無セキツイ動物という。

❸ (1)〜(3) 石灰石にうすい塩酸を加えると発生する気体は，空気よりも重いので下方置換法で集められる二酸化炭素である。

❹ (1) グラフから，80℃のとき175gまで溶ける。
　175－100＝75〔g〕　よって，硝酸カリウムをあと約75gは溶かせる。
　(2) グラフから40℃のとき64gまで溶ける。
　100－64＝36〔g〕　よって，約36gの硝酸カリウムを，結晶として取り出せる。

❺ (1) 音が伝わる速さが340m/sで，音が聞こえたのが3.6秒後なので，340〔m/s〕×3.6〔s〕＝1224〔m〕
　(2) 3.6－2.5＝1.1〔s〕より，1.1秒早く聞こえるようになった。よって，340〔m/s〕×1.1〔s〕＝374〔m〕

❻ (2) 5〔cm/N〕×2.3〔N〕＝11.5〔cm〕
　(3) 100〔g〕×(3.8÷5)〔cm〕＝76〔g〕

❼ (1) 安山岩は火山岩なので，そのつくりは，斑晶と石基の見られる斑状組織である。
　(2) 火山岩は，マグマが地表や地表近くで，急に冷えて固まったので，鉱物の結晶は大きくならない。

❽ (1) 20－10＝10〔s〕
　(2) P波の速さは，90〔km〕÷15〔s〕＝6〔km/s〕
　300〔km〕÷6〔km/s〕＝50〔s〕
　震源から300km離れた地点では，地震が発生してから50秒後にP波が観測される。